走讀
一座城市

歐陸人文風采之旅 ★

阡陌 著

♪ 推薦序 在荷蘭遇見王維

／台北市閱讀寫作協會理事長、專欄作家 汪詠黛

　　親近文字，是人生至樂，只要看到一篇好文章、一本好書，總讓我心生「閱讀是飛翔」（To Read is to Fly）的喜悅；阡陌的筆，就有如此魅力。

　　說來也巧，我與阡陌的結緣，正源於文字。

　　當時我在中國時報文化新聞中心負責休閒旅遊版。擔任主編的人每天處理諸多稿件，不怕缺稿，只怕缺好稿；因此乍見筆名「阡陌」的投稿，才看完第一段，眼睛立刻發亮，迫不及待跟同事分享：「呵呵呵，我挖到寶囉！」

　　繼續展讀，但見筆下情感豐沛，旅遊資訊豐富，加上照片意境悠遠，看得出這位作者具有深厚文史背景與藝術造詣。我們一面讚嘆，一面忍不住玩起猜謎遊戲：

　　「旅遊文章寫得有滋有味、知性感性兼具，這位作者會不會是一位國文老師？畫家？攝影家？藝術家……」

　　合該有緣，十年後，編者和作者在文藝課程上相見歡，結為好友，進而組織讀書會，和一群好姐妹攜手創辦「台北市閱讀寫作協會」，致力推廣生活寫作，期許更多喜歡文字的人「閱讀為經，書寫作緯，汲取新知，終身學習」。

　　樂於分享、勇於承擔的阡陌姐，在協會草創時期擔任「用聽的讀書會」講師之一，她將旅遊、攝影、繪畫藝術融為一體的演講，叫好又叫座，讓聽者頻頻催促她出書，以饗更多讀者。

於是《阡陌雲影1跨界行旅──攝掠南疆、尼泊爾》、《阡陌雲影2 牽手，遊於藝──探訪歐洲藝術寶庫》陸續出版後，今日欣見《阡陌雲影3》熱呼呼上市，繼續帶著大家享受臥遊寰宇的樂趣，翱翔在真實世界與無邊無際的虛幻空間：

隨著伊斯蘭的旋轉舞，耳邊響起空靈音樂，冥想僧侶們進入禪定境界；穿梭在雅典舊城區的蜿蜒巷弄，一路往衛城山丘前行，在兩千年的古蹟尋找雅典娜；搭上綠色91號公車，任由司機載往荷蘭桑司安斯風車村探險，走著走著，彷彿遇到盛唐山水田園派詩人王維的「渭川田家」：斜陽照墟落，窮巷牛羊歸，野老念牧童，倚杖候荊扉……

感恩阡陌，讓我們閱讀到世界的真善美。

／攝影教育工作者　李坤山

　　讀《六祖壇經》，除了關連南頓北漸的「菩提本無樹」偈語外，「風旛之爭」也是大家耳熟能詳的公案：六祖一日思維「時當弘法，不可輕遯」，遂出至廣州法性寺；值印宗法師講《涅槃經》。時有風吹旛動，一僧曰「風動」，一僧曰「旛動」，議論不已。惠能進曰：「不是風動，不是旛動，仁者心動。」一眾駭然。這段公案既標舉出禪門的基點，也能引發緣起的思索。不以物喜、不以己悲的豁達胸襟，正是阡陌身心合一，以圖像契入文字書寫《阡陌雲影3—走讀一座城市》的心靈行腳。

　　《西班牙》、《土耳其》、《瑞典》、《荷蘭》與《希臘》等五個篇章，包含了歷史、人文、自然景觀、藝術、宗教、美食……等等的細微描寫，讓閱讀者引發圓滿自足的心靈享受。阡陌在西班牙篇章《蕾達的美麗午餐》一文裡寫道：「走呀走的，終於在巷子裡的一個小商店裡，發現到了美食。一盒沙拉、一盒馬鈴薯泥魚漿丸，淋上蘿勒汁，視覺上真是賞心悅目。獨坐在路邊長椅上，一口一口細細品嚐，啊！沙拉鮮脆，薯泥嫩滑，入口即化，引得味蕾在舌尖歡躍連連。一客簡單可口的午餐，讓我品嚐出這個古老小鎮齒頰留香的悠遠滋味，為這趟旅程增添一場味覺的美麗邂逅。」

　　筆者認知的阡陌，融合了作家、攝影家、教師、美術館義工、賢妻良母、禪修者等的人格特質，卻保有勤樸簡約、待人誠懇的傳統美德，因此，從她著作的字裡行間，即可感受到一股清新、自信、詩性的書寫風格。攝影圖像佐以文字的契合形式，是《阡陌雲影》系列的書寫特色，誠如二十世紀著名的藝評家蘇珊・宋妲（Susan Sontag）在《論攝影》（On Photography）裡指出的：「如今正是懷舊的時刻，而照片有效地增添鄉愁。」、「攝影能夠幫助

人們想像地擁有一個並不真實的過去，它也幫助人們佔有他們無法倚靠的空間，於是攝影便伴隨最具特色的現代活動之一的旅遊，一前一後地發展起來。……照片能為整個旅程的完成、計畫的實現以及期間所獲得的樂趣，提供無可爭辯的證據。」

　　《阡陌雲影3》是歐洲城市日常生活的感觸寫照，也是抒發心靈分享的走訪紀錄，誠如攝影家伊斯雷克夫人（Lady Elizabeth Eastlake）指出的：「攝影是一種人與人之間的新傳播形式。」以及美國名攝影家保羅・史川德（Paul Strand）指出的：「對任何一位真正懂得用眼睛去看的人，攝影即是生活的紀錄。」

♪ 推薦序　一片真心萬里遊

／林口長庚醫院前副院長、婦產科醫師　宋永魁

　　《阡陌雲影3》是內人這幾年旅遊歐洲的文集，文稿曾刊登在人間福報旅遊版。多年來跟隨李坤山老師學習攝影，具備了「攝影眼」的敏銳度，對一個城市的體驗，在文字或影像上自然多了幾分細膩觀察。

　　瑞典，一個高度科技的國家，首都斯德哥爾摩享有「設計之都」名譽，縱橫交錯的地鐵網絡，每一站都有屬於自己主題的當代藝術呈現，我們夫妻曾背著相機搭乘地鐵去捕捉這些各具特色的藝術創作。

　　在荷蘭阿姆斯特丹，我們懷著朝聖的心去參觀位在市區的梵谷美術館，更撥出一天遠征到百里郊外的庫拉慕拉美術館，觀賞了梵谷的許多經典鉅作。為著維梅爾的《戴珍珠耳環的女孩》，我們搭火車去海牙。

　　希臘雅典市內的衛城巡禮，巍峨的古代建築遺跡，在在見證古希臘的輝煌文明。也曾遠征去天空之城─梅堤歐拉，一座一座建在擎天拔地巨岩上的修道院，令人嘆為觀止。

　　土耳其大城伊斯坦堡不計其數的清真寺，讓人體驗到濃濃的伊斯蘭文化風情。卡帕多奇亞奇岩區的熱氣球飄浮及峽谷健行，上天的鬼斧神工，令人驚歎連連。

　　西班牙馬德里的普拉多美術館，欣賞到哥雅的絕世大作、波希疑真似幻的畫作。去巴塞隆納的畢卡索美術館，認識了大師早年的創作歷程。

　　行萬里路，讀萬卷書，作者懷著一顆真誠單純的心，欣賞每個城市的特色，從《阡陌雲影3》的內容和圖像，可看出作者在這條路上的努力與堅持，身為她的老伴，深感與有榮焉。

　　開春時節，有天丈夫問：「今年歐洲生殖醫學會在阿姆斯特丹舉行，妳要一起去嗎？」

　　「阿姆斯特丹，好耶！」想到林布蘭特、梵谷和維梅爾幾位出生於荷蘭的偉大畫家，我兩眼發亮。

　　出發前，努力從旅遊書、藝術史、畫冊等蒐集資料，精密規劃每天的行程，期望充分利用時間，將這趟旅遊的效益發揮到極致。

　　將近三十年的醫學會同遊歲月，夫妻倆已培養出默契，抵達一個城市，他忙著參加醫學會議，我則開心地在這個城市穿街走巷，探索它的人文風采。偶爾他會偷得半日閒，兩人結伴去參觀美術館或特殊景點。

　　在瑞典首都，斯德哥爾摩結伴捕捉地鐵藝術；去荷蘭中部，庫拉・慕拉美術館騎乘之遊；前往希臘北方，天空之城－梅提歐拉短暫的參訪因緣；遠征土耳其中北部奇岩區，飄浮在卡帕多奇亞上空的美妙體驗等等，啊，世界多奇妙！

　　這本《阡陌雲影3》收錄的文章，大都是陪同丈夫參加醫學會，有時同遊，更多時候是獨自一人在一個城市的漫遊記錄。即便是個人參團西班牙之旅，也盡量抽空獨行探索。

　　世界像一本內容豐富的書，每個城市獨特的人文風采，彷彿精彩的篇篇章節，一次又一次召喚著我前去走訪閱讀。歸來滿行囊，囊裡的點滴收穫，轉化成影像和文字，成為我生命的珍寶，也分享給喜歡旅遊的你。

　　感謝汪詠黛老師姐妹般的師生情誼，在寫作路上不厭其煩的引領鼓勵；感謝李坤山老師十多年來亦師亦友般，在攝影摸索路上的啟蒙和循循善誘；更要感謝我的另一半，在每一趟旅程中對我小小的任性冒險，總是給予支持和寬容。

　　邀請你，與我一同走走讀讀趣吧！

走讀一座城市
——歐陸人文
　　風采之旅

目
次

contents

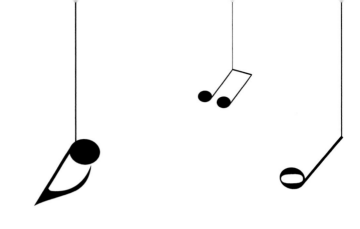

目次

contents

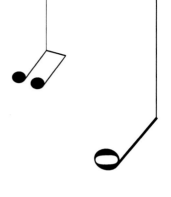

Chapter 1
瑞典

西格圖那逍遙遊

仲夏時節，跟隨丈夫到瑞典首都斯德哥爾摩參加醫學會。

清晨，從機場搭乘快捷抵達斯德哥爾摩中央車站，赫然發現預訂的旅館就近在前方，不禁喜出望外，投宿在交通便捷的車站旁，往後幾天要去任何一個景點，都將十分方便。

辦好入住手續，進得房間，白牆黑木條的裝潢，前衛的極簡風格，讓人耳目一新。會議明天才開始，安頓好行李，兩人各自背起相機，興沖沖地走向車站，耶，我們要去斯德哥爾摩郊外的西格圖那（Sigtuna）遊玩！

問明了前往西格圖那的交通，買好票找到16號月台，搭上10：50的通勤車，至終點站Marsta下車，轉乘570公車，近午時分來到了這個瑞典最古老的城鎮。

黃牆紅瓦的房舍，靜靜座落在綠蔭掩映中。西格圖那在西元980年正式被規劃為城鎮，在這裡，時光似乎靜止了，千年來它的樣貌並沒太大改變。信步走往舊城區，一條主要街道，仍然保持傳統矮房和石磚路，並禁止車輛通行以保護道路不被毀損。樹蔭下，有位中年手風琴師彈奏

曲調，那專注的神情透露出陶醉其中，悠揚的旋律瀰漫街坊間，漫步其中，既舒適又逍遙。

鎮雖小，卻擁有十三世紀時的聖瑪麗亞教堂，及十八世紀的舊市政廳，更有幾間以瑞典繪本作家Elsa Beskow，筆下的故事中主人翁為名的餐廳和商店，如著名的紅姑媽咖啡廳、藍姑媽餐廳和綠姑媽古董店等，為小鎮增添了濃濃的溫馨藝文氛圍。

找到位在舊市政廳旁的藍姑媽餐廳，選擇戶外大樹下的位子，點一客綜合海鮮餐，225克郎，一客鮭魚餐，205克郎，一杯當地生啤酒，好整以暇地享用瑞典傳統料理。

綠蔭濃濃，枝椏間綴滿米白色小花，微風輕拂，花落紛紛，耳邊飄來《夏日最後的玫瑰》熟悉的旋律，那一刻恍如回到青春年少時光。古老的舊市政廳前，幾位遊客在濃蔭下小憩，空氣中散發著悠哉閒逸的氛圍。兩人舉杯相對莞爾，深愛這樣的旅遊時光，他暫離煩忙的職場，我則放下煩瑣的家務，在他鄉異地，偷得浮生半日閒，徜徉在異國風情裡，人生幾何？得享此等浪漫悠閒時光。

酒酣飯飽，往街道行去，前方一家店前有條小小人龍。

「哈，冰淇淋！」我們快步排入行列中。各自選了三球不同口味，排排坐在街邊古老的長板凳上，開心地舔將起來，不時互相交換，果香清甜，綿密嫩滑。

「噢，人間美味！」能品嚐到美味冰淇淋，總為旅途增添幾分幸福元素。

走入綠姑媽的古董店，古色古香，收藏了許多古舊家具和碗盤，散發出濃濃懷舊風情。巷子裡一棟十七世紀的赭紅色建築門口，立著一位笑容可掬的婦人像，就是紅姑媽咖啡廳，穿著傳統服裝的服務員，親切地穿梭客人間。

　　我們徜徉街巷間，忽忽然化成瑞典繪本作家筆下的點景人物矣。

▍SIA Glass 冰淇淋店

▍紅姑媽咖啡廳

米勒公園任徜徉

清晨，走向中央車站，搭乘地鐵紅線T13到Ropsten下車，轉乘203公車，經過一座鐵橋，進入了Lidingo島，公車行駛大約二十分鐘便抵達米勒公園站。

興沖沖來到米勒公園大門口，不料大門深鎖，告示牌上寫著開放時間：11：00—17：00，看看錶才九點半，啊，早起的鳥兒竟然吃了閉門羹啦！

這是個遠離塵囂的臨海小島，豪宅大院裡這家濃蔭掩映，那家繁花盛開，週日的清晨，除了偶爾駛過的車輛和間歇的鳥鳴聲，周遭一片寧靜，極目搜尋，找不到一家便利商店或咖啡館。幸好候車亭裡有條長板凳，成為我暫時的棲身處所。

空氣清新微涼，披上薄外套，從背包拿出筆記本，記下旅途中的點點滴滴，享受這份可遇不可求思緒自在飛揚的孤獨，感恩上天厚待我，以這樣的意外，為這趟旅程添加幾分奇妙驚喜。

半個時辰後，雙腳開始發癢了，起身往馬路對面的小巷斜坡走去，前方是蔚藍大海，遠方停泊著幾艘遊輪。順著蜿蜒小路穿梭在豪華別墅間，赫然發現一個拱圓形大門口，有人進出搬東西，探頭往裡瞧，有些雕塑隨意擺置架上，莫非…？正狐疑間，一位青年雙手抱著書出來，面露驚訝地向我道聲早安。

「請問？」

「對，這是米勒公園的後門。」青年點頭回答。

「我來早了。」

「妳是來早了，不過可以先進來，待會開門了再去買票。」青年禮貌地說。

我連聲道謝，喜沖沖地往園裡行去。提早半個鐘頭入園，享受到體貼被信任的窩心感動。

　　獨自徜徉在偌大的園區，這裡一尊，那裡一群的絕世雕塑，順著地形坡度，錯落有致地擺置在各式各樣的平台上，呈現出立體層次感，一個不經意的轉折，眼前便出現停格畫面，令人驚豔屏息。擎天高舉的《上帝之手》、熱鬧的《歐洲噴泉》、齊聲吹樂的《天使》等等。

　　卡爾‧米勒（Carl Miles 1875—1955）年輕時曾旅行到智利、法國、荷蘭、比利時等國家學習藝術，旅法期間曾和羅丹共事創作，西元1906年帶著新婚的畫家妻子Olga回到瑞典，兩年後在Lidingo島買地，建蓋了住家和工作室，夫妻倆持續創作，卡爾生前獲獎無數，他的作品大多為庭園噴泉、雕刻等公共藝術，塑像主題擅長表達人的情感和動作，呈現出優美線條和人物彼此互動間的平衡。西元1936年成立米勒公園基金會，將整座花園贈送給瑞典人民，目前由這個基金會在經營。一些原本散落在國內外其他大城市的作品，如今都展示在公園裡。

　　藝術家生前的居所、工作室和擺置收藏品的藝廊，都被完整保留，並開放參觀。

　　住家和工作室居高臨下，透過大片玻璃窗，隨時可攬進蓊鬱林木，而庭園位在面向屬於波羅的海海域的山崖上，既可欣賞蔚藍大海，又能眺望對岸風光。如此桃源仙境，想必激發出大師源源不絕的創作靈感。

　　園區中的一尊尊雕塑，工作室裡材料的擺置，書房窗下的書桌，後院花壇上的花花草草…，靜靜地，我緊跟著米勒夫婦的腳步，用心與他們對話，走著，走著，令人想流淚的幸福感，不知不覺漾滿在心頭。

▌ Aganippe噴泉

▌豐收

掩映在綠蔭中的當代美術館

用過早餐，約莫八點多，背起相機和丈夫在旅館門口道別，他要去開會，我則遊玩去也。

在旅館前搭乘65路公車，上得車，是第一位乘客，跟司機先生確認後便安心坐下，往當代美術館出發囉！

車子在市區繞行，不多久便朝港灣方向行去，灣裡眾船停泊，等待遊客出海去。在國立美術館前有人上車，過了橋來到了Skeppholmen島，遠遠望見樹蔭下一群顏色鮮艷的雕塑，終點站當代美術館就在眼前了。

下了車，急急向那群雕塑飛奔過去，哇，一個個充滿童趣的雕塑，正用大紅、鮮綠或橙黃等刺激你的視覺，更以張力十足的造型，勾引出你的赤子童心。這群由法國和瑞典雕塑家共同創作的雕塑，擺置在館外廣場上，鮮艷的顏色和誇張的肢體，在綠蔭下，顯得突兀而逗趣。我蹲在草地上，左拍右拍，前拍後拍，拍得心花怒放，笑聲連連。然後漸漸拉遠距離，選一張木椅坐了下來，欣賞它們之間的奇妙互動。心滿意足了，循著沙石路，來到海邊，海水微波蕩漾，柔和的浪花為沙灘編織出朵朵蕾絲花邊；海面上，白色船隻，緩緩行駛；對岸山坡上，美麗的建築羅列有致，紅磚色牆面，營造出溫暖的沉穩畫面。

閒坐在一座大樹墩上，不遠處有位女孩在野餐布上斜倚著背包專心閱讀，雁鴨成群，或嬉遊或休憩，沙灘邊有人漫步，林蔭間鳥鳴唱和，斯德哥爾摩的寧靜清晨裡，有個東方來的旅人，正靜靜地享受天人合一的祥和氛圍。

公路上車流漸多，斯德哥爾摩繁忙的一天，慢慢拉開了序幕。

十點，美術館開門了。

美術館正門前，豎立著一件亞歷山大·卡爾德的《四大元素》雕塑，熱情地迎接來訪的藝術愛好者。

這座美術館是西元1998年由西班牙建築師Rafael Moneo所設計，2004年落成，算是資歷年輕的美術館。館方透過購買、遺產和捐贈，彙集了從二十世紀至今的藝術珍品，包括畢卡索、達利和康丁斯基等大師的畫作，另有一區則展示當代新銳藝術家的攝影、繪畫和雕塑等作品。

拿著展場指示路線，我選擇反方向參觀，從裡頭畢卡索等大師的展廳慢慢往外移動，由二十世紀的立體畫派、抽象畫派，轉入二十一世紀的裝置藝術、影像藝術等等，一雙腳隨著時空游移，腦筋也不停地流轉，驚歎藝術創作是可以如此地天馬行空，卻又有它的脈絡可循，或許，這正是藝術迷人的魅力吧！

資料記載，這位在西元1996年曾獲得普立茲克建築獎的建築師，西班牙馬德里的普拉多美術館，以及巴塞隆納的音樂廳也是他所設計的，由於曾經參訪過，因為這個小小的連結，而對這座美術館升起幾分親切感。

出了展場，從書店前折入隔鄰的建築博物館，這座博物館以展示建築藝術、都市計劃和城市建築研究為主，西元2010起開始將「瑞典建築」規劃為常設展覽，同時不定期推出各種臨時展覽。每年聖誕節在這裡舉辦的薑餅比賽，是這座博物館熱鬧有趣的一大特色。

兩腳逛得又痠又麻，來到附設餐廳，選個靠窗位子，邊享用美食，邊細細回味這大半天的藝術饗宴。

窗外不遠處濃蔭下，幾個孩童在那一群造型逗趣的雕塑間追逐嬉笑，年輕的父母專心捕捉寶貝孩子融合在藝術裡的珍貴身影。

輕柔的港灣沙灘、如茵綠草上的童趣雕塑、外觀獨特的當代美術館、裡面典藏豐富的珍品……，就在這大半天裡一一兜攏在一起，凝聚成我生命中的珍寶元素。

　　無怪乎丈夫時常羨慕地說我，真是個「好命的旅遊人」。

▌童趣雕塑

▌卡爾德的雕塑

瓦薩號戰艦博物館及周邊

從中央車站前搭47路公車在北方民俗博物館下車，步行五分鐘來到瓦薩號戰艦博物館。

對一艘戰艦引起參觀興趣，是因為它在西元1628時，首航的下水典禮上，出航未捷便葬身在波羅的海，而在海底沉睡300多年後，瑞典科學家歷經多年研究，於西元1961年將它打撈起來，13500多塊碎片，經過三十年專業的努力拼湊，還原了戰艦95%的原始樣貌，瓦薩號戰艦終於在西元1990年再度和世人見面，博物館的地點，就在當年打造戰艦的海軍碼頭旁邊。

從陽光亮麗的戶外進入燈光幽暗的博物館，得小心翼翼地移動腳步，約莫十分鐘後，慢慢適應了昏暗的光線，才看清楚眼前華麗精緻的戰艦雄姿。

這艘長69公尺，高52.5公尺的戰艦，是瑞典國王古斯塔夫二世下令建造的，目的在宣示瑞典強大的國威以及富裕的財力。

西元1628年8月10日首航當天，風和日麗，冠蓋雲集，市民齊聚，人人熱切地期待戰艦出航的威武英姿。不料才航行1000多公尺，一陣颶風吹來，竟將它翻覆沉沒在斯德哥爾摩港灣中，從此沉睡海底300多年。

經過調查，原來是好大喜功的國王，要求加建了一排砲口，造成船身不平衡而進水。

幸運的是，沉船的地點波羅的海海域中，並沒有一般海洋中會腐蝕木材的微生物，因此得以復原當年的樣貌。

為了防止木頭暴露在空氣中容易發霉腐爛，因此層層塗上特製的防腐劑，同時室內必須保持一定的溫度和濕度，避免木質爆裂。觀眾不得踏上戰艦，只能循著旁邊架起的走廊近距離觀賞。

據說，當年砍伐了上千棵橡樹做為建材之用。整個船身無一處不是精雕細琢，獅子、聖經人物、希臘神話人物和羅馬皇帝的雕像，多達700多尊，船首部分雕刻還鍍上金片，獅子象徵力量與勇氣，國王古斯塔夫二世的外號便是「北方之獅」。從船上發現的衣物、煙斗、醃肉、器材用具等等，也經過重建展示出來，讓人體會300多年前的工藝發展和生活方式。

來回遊走在二、三樓走廊，尋找準確的位置試圖拍下它的華麗姿影，每一處雕工之精緻，令人驚嘆連連。與其說是戰艦，勿寧稱它是件藝術品。

館內的影片室內，展示出打撈、考證和修復等等繁複而龐大的工程，將現代科技的功能發揮到極致，拜科技之賜，跨越了300多年的時空，將人類文明做了完美的接軌。

瓦薩號戰艦呈現出十七世紀華麗戰艦的雄姿，它不僅是瑞典的驕傲，也是全世界公民的珍貴遺產。

從陰暗的博物館出來，走向近鄰的北方民俗博物館，眼睛慢慢適應了明亮光線，這棟華麗建築的外觀，十分吸引人，裡面收藏了從十六世紀至今的庶民生活物品，有一些小小的童玩，也有原住民的文物等等。

出了北方民俗博物館，沿著綠蔭步道前行，發現一座生物學博物館，在一尊高聳的騎馬青銅雕像前，顯得童話屋般嬌小玲瓏。

馬路對面濃蔭下，有座餐亭，饑腸正碌碌，點了一份口袋餅夾香腸，配著自備的開水，自在享用一個人的午餐，熱餅酥脆，中和了香腸的油膩，成為齒頰留香的絕配。哈，餐亭還有賣SIA冰淇淋，買了三球細細品嚐，為大半天的博物館之旅，畫下甜滋滋的休止符。

瓦薩號戰艦博物館

艦上人與物重建展示

斯德哥爾摩城區遊走

▌ 乾草廣場與音樂廳

從中央車站附近沿著皇后大道前行，大約半小時後，來到休特利耶特廣場（Hotorget），又稱乾草廣場，這裡平日是個露天傳統市場，週日則搖身一變成為跳蚤市場，廣場上撐起遮陽傘的攤位，比鄰連結，鮮翠的蔬菜，紅豔欲滴的水果，還有繽紛爭豔的鮮花，大自然中的鮮麗色彩，幾乎全都聚攏在這裡，穿梭在攤位間，隱隱感受到瑞典這個國家物產豐饒的歡悅。

廣場旁邊聳立著一棟古典式建築，就是著名的斯德哥爾摩音樂廳，這座建於西元1926年的音樂廳，每年12月10日的諾貝爾頒獎典禮在這裡舉行。建築右手邊聳立著一件銅雕，是瑞典雕刻家卡爾・米勒的作品，米勒以他擅長的功力，將一群演唱人物的肢體線條雕塑得靈動流暢。前幾天參觀過米勒公園，不知不覺對這座雕塑升起幾分親切感。

▌ 傳統市場

這是斯德哥爾摩第一座室內市場，一踏進裡面，令人目不暇給，處處充滿驚喜。一邊攤位上懸掛著火腿、香腸和堆疊的乳酪等，一邊則是巧克力、餅乾，往裡走是新鮮蔬果，再往裡走有幾個海鮮攤，老闆正熟練地將魚鮮切片處理好，等待顧客上門。繞過一邊，有賣燻鮭魚、醃漬鮭魚、醃漬鯡魚等等。還有幾個賣熟食的攤子，其中有一道鮮蝦生菜沙拉最令我垂涎，忍不住點了一份嚐鮮，鮮翠的生菜間綴滿粉紅色小甜蝦，鮮甜可口，為斯德哥爾摩之旅留下鮮甜脆嫩的記憶。

▌老城區

　　這一區是十三世紀時斯德哥爾摩建立城市的發源地，狹窄的街道兩旁，流行精品店和高檔餐廳比鄰而立，人潮流動，卻又一派輕鬆悠閒。黃昏時來到一家餐廳用餐，餐後漫步回旅館，夜色為老城區的街巷披上神祕薄紗，更增幾分悠遠的思古情懷。

　　出了老城門，大街上燈光投影在運河水面，形成夢幻迷離的光影，與白晝時的景象大異其趣，給斯德哥爾摩增添了幾許嬌媚溫柔。

▌運河夜色

▌搭地鐵觀賞現代藝術

　　斯德哥爾摩擁有設計之都的美譽，它的地鐵有為紅、綠、藍三線，網絡綿密，當局為了美化各個地鐵站，從西元1950年開始，陸續號召了一百四十多位藝術家投入創作行列，形成長達一百多公里，世界最長的藝術走廊。一百個地鐵站裡，有九十多個站都各有它的表現風格。

　　這天我們夫妻選擇了較多樣的藍線做為探訪之旅，從中央車站（T—Centrelan）到終點站台（Hjulsta），當列車進站時，兩人緊盯著窗外看，看見獨特的畫作，趕緊下車拍攝，萬一錯過了便記下站名，回程時記得下車補拍。

　　有別於莫斯科地鐵的古典繪畫，在這裡可以觀賞到從二十世紀中期到現代實驗性前衛風格的作品，繪畫、雕塑、馬賽克及裝置藝術，有鳥群、有捕魚裝備、有夢幻森林……等等，堪稱百家爭繪，各「藝」其趣。

　　這座古老的城市，充滿了年輕的心態和精神，這些創作力十足的地鐵藝術，讓一個遠道來的東方旅人，享受到搭乘地鐵舒適安全又賞心悅目。

　　一趟斯德哥爾摩的地鐵之旅，彷如穿越異次元時空的精彩體驗。

▎地鐵藝術

Chapter 2
荷蘭

去國立美術館參訪《夜巡》

清晨六點，荷蘭航空班機降落在阿姆斯特丹史基浦機場，我們夫妻搭乘計程車前往投宿旅館，安頓好行李，丈夫步行前去醫學會場報到，我則興沖沖地在旅館外的電車站買了張七歐元的全日票，搭乘4號電車進城去。這家「Novotel Amsterdam City」位在市郊，投宿在這兒一週期間，每天享受著日出而遊，日入而回的通勤樂趣，沿途越過幾條大小運河，有的清淺嫵媚，三兩獨木舟閒閒依偎河岸；有的波瀾壯闊，快艇拖著水花飛濺的浪條呼嘯往來。不同的河上風光為我揭開探訪阿姆斯特丹的序幕。

來到國立美術館站下車，館外庭園草木青蔥，把這座哥德式的古老紅磚建築襯托得雍容典雅，是荷蘭最大的藝術品收藏和展覽的寶庫。

買了票進去，觀眾三三兩兩。多年來養成了早早進場的習慣，在恬適的氣氛裡與大師們的作品靜靜交流。

直上二樓十室見到了心儀已久維梅爾的《倒牛奶的女僕》，整個畫面空氣靜止，微光中只有一線牛奶在流動。細膩的手法將色彩、光影及畫面佈局營造出柔和氛圍。另一幅《讀信的藍衣少婦》也是如此溫暖舒服。這位十七世

紀的荷蘭畫家，四十多年的歲月裡都在故鄉台夫特度過，擅長以嚴謹的構圖，巧妙運用光影，將日常生活題材描繪出溫馨靜謐的風格。

接著轉往十二室，懷著朝聖的心情來到光影大師林布蘭特的《夜巡》（1642）前，這幅畫是林布蘭特受託，為當時的「阿姆斯特丹射擊協會」大尉柯克先生所創作的巨幅群像畫。第一次觀賞這幅畫作大約在十五年前，對西洋繪畫屬於看熱鬧的階段，一位荷蘭友人陪同我們夫妻擠在觀眾群中，熱情地介紹畫的內容。當時的感覺是一群觀眾和畫中的一群人對看著，根本看不出畫家如何將人物和光影的精心安排。

畫面上一群人歡笑蜂擁上街，向前方兩位人物靠攏，營造出活潑動感；運用土黃的暖色調，上尉的紅披巾及紅衣士兵的軍裝，小女孩和連長明亮的淺朱黃色，成了點睛效果，來自左側的光源，照亮一些人物，也將一些人物隱入黑暗中，留待觀者細細搜尋。

林布蘭特利用光線的明暗對比，讓畫面呈現出扣人心弦的流動和層次，這幅畫是林布蘭特最具革命性的畫作，將傳統的荷蘭群體肖像畫轉化成為充滿光線色彩和動感的繪畫。館方刻意將同時期荷蘭著名的人像畫安置在《夜巡》兩側，讓觀眾對照欣賞，更襯托出光影大師擅長聚光的功力，館方如此的用心安排，真是體貼又巧妙。

二樓的八室有幅《閱讀的老婦》，九樓的《猶太新娘》，是林布蘭特人像畫中善用「手」的表情之經典之作。尤其是後者，新郎將手放在新娘胸前，這種深具聖經莊嚴涵義的手勢，呈現出婚姻結合了世俗與精神內涵層面。

▋國立美術館館外庭園

▋國立美術館入口處

　　國立美術館有一百多個展間，館方提供有平面樓層，並標示幾個主要的觀賞重點，讓觀眾在有限的時間裡，快速找到喜愛的展覽主題。旅遊到一個城市，總有許多值得觀賞的人文風景，我利用一個上午時間，流連在十七世紀荷蘭黃金時期，兩位大師的經典鉅作前，細細觀賞，慢慢體會，旅遊之樂，莫過於此矣。

梵谷美術館

　　從國立美術館出來，饑腸碌碌，來到梵谷美術館附近，發現一家專賣魚料理的小商亭，櫃台上羅列著生醃鯡魚，不禁喜出望外，點了一份鯡魚三明治，長長的法國麵包夾了醃魚加些碎洋蔥，魚鮮甜不油膩也沒腥羶味，可口極了，點一杯現榨橙汁，共4.7歐元；見冰櫃裡還有好幾種魚料理，忍不住又點了一份炸魚，外酥脆內鬆軟，共4.5歐元。阿姆斯特丹的第一頓午餐，齒頰間滿是鮮甜魚味，心滿意足地往梵谷美術館行去。

　　這是一座四方形現代建築，淺赭色的外牆與周邊的紅磚建築顯得協調而不突兀。門口排了長長的人龍，等了半個多小時買到票後又排了十幾分鐘才進得館裡，把背包相機寄放好，隨身的小包經X光檢查才得以驗票進入展場。為了保護大師的鉅作，館方的層層嚴密措施，真是用心良苦。十五年前來參訪，只要不用閃光燈可以自由拍照，那時只擁有一台簡陋的傻瓜相機，技術也跟相機相等，加上不「識」畫，並未留下名畫身影，而今稍稍懂了，相機與技術也大幅升級，不需打閃光燈即可拍下清晰圖像，卻是不得拍照，內心不免感到懊惱遺憾。

　　梵谷的畫有一些散落在世界各國的美術館或私人美術館中，但優秀作品大都留在自己國家的首都阿姆斯特丹。阿姆斯特丹梵谷美術館的數量多而完整，其次是庫拉·慕拉美術館。

　　一樓右角是販賣部，販售明信片、畫冊、文具等。左邊的展示室排列二十幅梵谷1880—1887年早期的作品，暗淡的寫實風景，呈現出抑鬱沉悶的氛圍。《吃馬鈴薯的

人》（1885）是此時期的代表作，幽暗的油燈下，農民一家人吃著自己種植的簡單食物─馬鈴薯，沉鬱的色彩反映出場景嚴肅的氣氛。

二樓陳列的是1887─1890的晚期作品，也是梵谷最具代表性的畫作。兩百多幅油畫林立牆面，有風景、人物、花和自畫像。《畫架前的自畫像》（1888）是精品；人物模特兒則有農民、青年，娃娃、母親和鄰人等等，從日常人群中尋找題材，用獨特的色彩將人生的悲歡喜憂表現在畫布上。《臥房》（1888）明亮而對比強烈的色彩和奇特的視角，忠實呈現出臥室真實景象。《高更的椅子和蠟燭》（1888）空蕩蕩的椅子，流露出大師內心的寂寞和對老友的思念。《鳶尾花》（1890）用明亮的檸檬黃為底，讓繽紛互補的色彩彼此襯托。三十號大的《向日葵》是花卉中的代表作，黃色黃底濃烈的色彩，強勁的筆觸，呈現出花與畫者的剛毅生命力。《麥田群鴉》（1890）是梵谷去世前幾週所畫，可說是大師的絕筆之作。另外還展示了七幅高更作品，其中《畫向日葵的梵谷》呈現趣味性。館方刻意將兩位好友的畫排掛在一起，讓觀賞者能夠細細品味出兩位大師各自獨到的風格。

三樓展示素描畫，採用較暗的燈光，其中《包著帶子的自畫像》、《種麥》、《割草的農夫》和仿米勒的《晚鐘》，可看出梵谷的素描功力，另外還有一些沒見過的梵谷水彩和高更的小品粉彩。

四樓陳列梵谷友人的作品，和梵谷以自己筆調臨摩其他大師的畫作，似乎相通，卻又自成一格。

從一樓至四樓，依序排列的畫作，讓觀者約略了解梵谷十年左右的創作歷程，早期的幽暗晦澀，透露出他一生的悲苦寂寞，而晚期的明亮鮮艷，則呈現出大師迸發燃燒的強烈生命力。

緩緩步出美術館，不論早期的陰暗，或是晚期的鮮亮，都一一烙印在心扉裡，之前無法拍照的一絲遺憾，瞬間消融在朗朗陽光中。

▎梵谷美術館

水壩廣場漫漫走

　　帶著幾分微醺走出梵古美術館，向商家問明往市中心方向，沿著運河邊步行，天氣晴朗，運河上大小船隻來來往往，有三五好友在小舟上享用美食，有歡欣的結婚快艇，有擠滿人群的觀光遊艇……。在路邊買了支雪糕，倚坐石凳上，讓疲累的雙腳稍事休息，一邊欣賞運河波光閃閃中洋溢的歡樂氣氛，雪糕融化在口中，散發出甜滋滋的幸福。

　　過了橋來到一條商業街，不算寬的街道上有輕軌電車通行、腳踏車和人群交相穿梭，正逢折扣期間，整條街熱鬧滾滾。

　　繼續前行，來到一條交叉運河，河邊是花市，鮮花攤沿河羅列，有些未曾見過的奇花異卉，真是視覺一大享受。

　　折回原路走走看看，來到了這個城市的心臟地帶─水壩廣場，周邊圍繞著皇宮、國家紀念碑、新教堂和杜莎夫人蠟像館。門面壯觀華麗的皇宮，建於西元1648年，荷蘭詩人曾誇口是「世界第八奇觀」，最早作為市政廳，西元1808年曾用作路易拿破崙的皇宮，目前則專司禮賓之用，正廳巨大的大理石和青銅雕像，呈現出荷蘭在黃金時期的繁榮富裕。左邊的新教堂建於十五世紀初，比紅燈區的老教堂晚了一百年，除了原來的宗教用途之外，目前也作為展覽中心，不定期推出各種主題展覽。右側的杜莎夫人蠟像館，像是許多世界知名大城市的連鎖分店，荷蘭繪畫大師林布蘭特的雕像，昂然挺立在店招上方，作為蠟像館本土化的代表。皇宮對面聳立著白色圓柱形的國家紀念碑，紀念二次世界大戰中犧牲的荷蘭士兵。

　　廣場上人潮麇集，有街頭藝人賣力表演，有古代武士供遊客拍照，日頭赤炎炎，遊人興致高昂。我卻是雙腳酸麻難受，又累又渴，趕緊找個蔭涼處歇息補充水份，全身細胞發出強烈抗議，提醒

▎皇宮廣場

我需要休息了。搭上電車往中央車站，再搭9路公車前往林布蘭特廣場，丈夫將在醫學會後前來，我們相約在林布蘭特雕像旁會合。

累極，斜倚在雕像附近樹蔭下一張板凳歇息，不遠處有位畫家埋首作畫，退了色的卡其帽和衣褲，蹲踞的身影，一勁專注在畫布上塗抹，管他人來人往，或是圍觀欣賞，藝術家內心總有一塊屬於自己安靜的創作園地吧！

選了一家餐廳用餐，點了咖哩雞和燉羊肉，辛香微辣，兩人吃出一身大汗。

本來約好要拍橋的夜景，但夏日時節，華燈初上時分可能要等到九點以後，為了保持體力，決定早點回旅館休息。

搭乘4號電車返回旅館，洗去長途搭機和今天一日遊的塵勞，窗外天猶朦朦亮，我已沉沉墜入夢鄉。

約旦區的繽紛運河

在旅館用過豐盛早餐，我們夫妻倆相偕出門，他背著一袋資料前往醫學會場，我則往車站搭我的4號電車進城去，今天要去探訪約旦區。向司機問清楚在距離最近的站下車，從交通繁忙的大街折入巷弄，不一會便置身在幽靜的住宅區。

阿姆斯特丹市區運河交錯，將這座城市編織出美麗圖案。最初，運河所扮演的角色是護城河。到了十七世紀，荷蘭商業蓬勃發展，大運河搖身一變成為主要的交通路線。由於土質鬆軟，一般建築物底下會打下椿柱，而地下水決定了椿柱的穩定性，運河則扮演著平衡的角色。隱藏在橋下的壓縮機，擔負起調節水位和排污除臭的重責。維護運河終年水位穩定，清麗怡人。

有些運河沿岸，會出現船屋的蹤影，這些箱形的船屋，外觀看似狹窄老舊，內部設備可是十足現代化，電視、抽水馬桶一應俱全，稱得上是舒適的住宅。它是市政府登記合格的住宅，須繳水稅代替地稅，而且有門牌可供通郵。船屋底部除了用混凝土固定外，還用鋼索栓在岸邊，以確保穩定不搖晃。

法文的約旦（Jardin）是花園的意思。約旦區位於阿姆斯特丹的西運河環帶中，四周有王子運河、酒釀商運河、萊斯運河以及林巴斯運河等四條運河圍繞。這一帶原本是勞工住所，十七世紀時阿姆斯特丹城市開始向外擴張，許多來自西班牙、葡萄牙和比利時安特衛普的新教難民也相繼遷移到這裡，房舍較小，緊密相連。

這裡的巷弄大都以花草命名，如金盞花街、野薔薇街……等等。小巷清潔寧靜，花木扶疏，家家戶戶都有精心裝飾的大窗台，有玩偶、盆栽、玻璃水瓶……等等，還有一家貓咪蜷曲在窗台也成了一個擺飾，真是個阿姆斯特丹的後花園。偶爾有人騎車經過，一兩位老人閒坐屋前曬太陽，空氣中散發出安詳舒適的氛圍，漫步其間細細瀏覽，久久不忍離去。

　　出了巷子，來到一條小運河邊，橋上花朵鮮艷，岸邊林木蒼翠，幾幢船屋靜靜倚靠在河岸，河面波平如鏡，河水引領著視線延伸至蒼穹處。遠方的教堂，隱隱傳來祥和的鐘聲。

　　約旦區的一條小運河，寧靜悠閒，花草繽紛。讓我認識了荷蘭人真是個愛美又懂得享受美的民族。

▌繽紛運河

西教堂尋幽訪安妮

搭4號電車進城，要去探訪孤立在約旦區西教堂前的安妮。

下了車，沿著一條清麗運河漫步前行，不知不覺來到王子運河邊的西教堂（Westerkerk），這座教堂是荷蘭的清教徒在西元1631年所建立的，其後在西元1959年增建了鐘塔，塔上五十個鐘鈴發出的悠揚樂音，往往引發出藝術家和文人源源不絕的靈感，也讓遠來的遊人留下深刻印象。

教堂前濃蔭下，佇立著一尊孤單瘦弱的少女銅像，這就是著名的安妮法蘭克塑像。

安妮法蘭克這位出生於德國法蘭克福的猶太少女，隨著父母遷居阿姆斯特丹，是為了逃離納粹迫害。西元1940年德軍佔領荷蘭，兩年後的七月，為了躲避納粹追捕，一家四口躲進荷蘭友人位在教堂旁一棟建築的小閣樓裡，和另外一個四口之家擠在一起，藏匿了將近兩年。十三歲早熟的安妮，受困在狹窄的空間，藉著不停地寫日記來抒發內心的苦悶，字句間流露出對生命的熱愛，以及對失去自由的磨難和爭扎。生為猶太人，處在那個隨時可能被帶往集中營凌虐的時代，內心的惶恐，外人難以想像：「我看見這世界逐漸陷入瘋狂，我可以感受到千萬人在受苦。」

但正值青春年少的心靈，對世界仍滿懷著希望：

「每當我仰望天空，卻感覺到：事情總會好轉，這些殘忍的暴行將會終結，而和平和寧靜將重返人間。」

西元1944年8月某一天，納粹警察闖入小閣樓將安妮一家全部送往集中營，安妮和母親、姊姊都死在集中營裡，只有父親存活下來。戰後，父親將安妮的日記出版，引起世人的關注。這間樓房成為「安妮法蘭克之家」，每年吸引上百萬人來參觀。

▌西教堂

▌安妮銅像

　　眼前河水悠悠，紀念館外排著長長的人龍，也許是為了悼念，或許更為了人類共同的和平期盼。正如安妮所言：「這些殘忍的暴行將會終結，而和平和寧靜將重返人間。」吧！

風車村，徜徉田園風光

　　一早，從旅館搭4路電車來到中央車站，正猶豫要往哪走。

　　雖然昨晚答應過丈夫，獨自一人儘量不要跑太遠，但是看到前方公車總站的各路公車正啟動待發，內心蠢蠢欲動的探險因子，瞬間被撩撥起來。

　　找到綠色91號公車，向司機確認是前往風車村—桑司安斯（Zaanse Schans），花2.5歐元買好票，找個視野好的位子坐定，興奮地想像起風車轉動的迷人姿態。

　　車子駛離市區，向郊外行去，經過河堤，偶爾在小鎮停靠，路是愈走愈偏僻，內心升起幾分不安，幸好車上另有七、八位乘客，減低了我的不安全感。

　　車行將近一小時後，終於來到風車村。

　　大運河邊，錯落有致地挺立著幾座風車，順著微風，緩緩轉動；牧場上，牛隻或立或臥，悠閒吃草；羊群咩咩叫、公雞喔喔啼，好一幅寧靜的世外桃源。

　　荷蘭是個低地國，有大半土地是從大海討來的。十六世紀時，他們利用風車將沼澤的水抽出排進運河，再流入大海或水庫，因此，風車扮演了滄海變良田的重要角色。全盛時期，荷蘭境內的風車不計其數，無所不在。後來被蒸汽動力和柴油引擎所取代，風車的功能逐漸走入歷史，目前只留下九百多座，大多成為觀光景點，給遊客留下與大海爭地的英雄形象。

　　清風微微，徜徉在河堤邊上，與風車共徘徊，和牛隻同悠閒，恍如走入了王維的《渭川田家》：「陽照墟落，窮巷

牛羊歸。野老念牧童，倚杖候荊扉。雉雊麥苗秀，蠶眠桑葉稀。田夫荷鋤至，相見語依依。即此羨閒逸，悵然吟式微。」裡，享受悠然祥和的田園風光。

其實，這裡是個露天的荷蘭文化博物館，除了風車，還有鐘錶博物館、烘焙博物館、乳酪農場和木鞋廠等等，只因為風車太顯眼，所以被稱為風車村。

遊客漸漸增多，一車一車地蜂擁進來，笑鬧聲戳破了原有的安詳寧靜。

我收起相機，走向公車站。風車村的一段閒逸晨光，已然被收藏在小小的一片記憶卡裡。

沃侖丹港灣風情遊

　　沿著運河邊的繽紛花市慢慢走，來到慕特廣場，一家賣鯡魚的商亭前，有位西方遊客正用食指拇指夾著一條鯡魚仰頭往嘴巴送，旁邊三兩同伴拍手歡呼，我趕緊舉起相機，哦哦，快門慢了半拍，錯過了這個精彩畫面！在樹蔭下守候另一個「勇士」出現，十分鐘過去沒收穫，只好離開。生吃鯡魚是荷蘭著名的地方小吃，處理過的新鮮鯡魚用鹽醃過一段時間，吃時用手指夾著魚尾，魚頭對著嘴巴吞下去。我雖愛此味，卻始終鼓不起勇氣一口吞下整條魚。

　　跳上往中央車站方向的電車，下得車遠遠看見丈夫已在車站前舉著相機捕捉「獵物」。難得他從會議中偷得半日閒，我們相約要去探訪沃侖丹，在車站前方的巴士站搭上前往沃侖丹的110巴士。車子慢慢駛離城區，眼前漸漸出現青翠田野，偶爾有風車兀立其間，緩緩轉動的葉片，為碧綠大地點上一筆靈活動感。車行大約四十分鐘後，來到了沃侖丹。

　　沃侖丹（Volendam）這個小漁村，位於阿姆斯特丹北方約二十五公里的艾塞湖邊，早期艾塞湖是個海灣，居民大都以打漁為生，後來政府在北面建築了攔海堤防，原先的海灣變成現在的艾塞湖，吸引了許多遊客，逐漸發展成觀光小漁村，村中仍有少數漁民出海捕魚，捕獲的鯡魚等海味料理便成了此地的名產美食。

沿著街道往海邊慢慢走，兩旁商店和酒吧比鄰相連。遊客如潮水，一波接一波，悠閒地吃喝漫步。突然前方出現一對穿著傳統服飾的男女，手牽手緩緩走來，我開心地捕捉到彷如從遠古時空穿入人間的這對男女，正得意間，眼前又飄來一雙傳統打扮的佳麗。不遠處一家店門前有人在排隊，原來是提供傳統服飾給遊客拍照的照相館。

　　空氣中飄散著淡淡的海水味，紅瓦房舍精緻美觀，街道乾淨清爽，小漁村仍保存著傳統文化，他們以獨特的服飾將優美的傳統文化介紹給遊客，據說如果星期日前來，有可能欣賞到村民穿戴傳統服飾上教堂的盛況。

　　港灣停泊著幾艘遊輪，甲板上擠滿了遊客，清涼亮麗的衣著，歡笑聲洋溢整個港灣；三兩漁船靜靜停靠岸邊，彷如害羞的村姑遠遠欣賞著喧鬧的遊艇。路邊有一家五口站著大啖鯡魚，徵得同意拍下全家大快朵頤的模樣，男主人又起一塊邀我共享，我笑著手指一旁的魚攤，正要大飽口福啦。美好食物的魅力，是如此溫馨。丈夫已買好一份切片鯡魚，配上細碎洋蔥和酸黃瓜，兩人在街邊站著享用，不知是這兒的鯡魚特別鮮美，還是少了麵包的攪和，吃起來味道更鮮甜滑嫩，真是人間美味啊！小小一盤鯡魚為沃侖丹之遊烙下齒頰留鮮的記憶。

　　沿著港灣往前行，被一間服務員穿著傳統服裝的餐廳吸引進去，點了一份海鮮拼盤，加海鮮濃湯，坐在屋外廊下位子，眺望北海，欣賞來往遊客，好整以暇地細嚼慢嚥，享受難得的悠閒午餐。

　　飽餐後，繼續遊逛，直到日頭西斜，才依依揮別這個北海邊的美麗小漁村。

▌沃侖丹港灣

▌古裝雙姝

海牙賞畫遊

　　海牙，因國際法庭而聞名於世，也是荷蘭國會和皇家居室的所在地，是荷蘭的政治文化中心，為數眾多的博物館，更凸顯出它豐厚的文化內涵。

　　為了欣賞維梅爾（Tohannes Vermeer 1632—1675）的兩幅名畫《戴珍珠耳環的女孩》和《台夫特風景》，這天，與丈夫從阿姆斯特丹搭火車至海牙，在海牙中央車站下車，改搭16路公車到國會大廈站，下了車，宏偉的國會大廈展現在眼前，依傍著一方大水池，池裡一處土堆上樹木蒼翠，噴泉歡唱，水面睡蓮朵朵，浮萍成片，橋邊花台上，天竺葵紅豔迎人，哦，好一幅如印象畫般的風景。

　　珍藏這兩幅畫的矛利帝斯博物館，就在國會大廈後方。這棟建於西元1640年原本是矛利帝斯爵士的房子，於西元1822年成為皇室收藏品對外開放的博物館，義大利文藝復興風格的三層樓建築，主要收藏15—18世紀法蘭德斯及荷蘭畫派的名家作品，其中十七世紀荷蘭繪畫大師維梅爾和林布蘭特的幾幅名作，更是它的鎮館之寶。

　　我們直奔三樓左邊展間，維梅爾的那兩幅經典名作就供在那裡。《戴珍珠耳環的少女》，尺寸不大，畫中少女淡淡的回眸一笑，若有所思的清純模樣，引人疼憐；《台夫特風景》畫面呈現出小小的港灣邊，屋舍錯落有致，船隻停泊，行人悠閒，畫家筆下的故鄉景致如此一片寧靜祥和。

　　維梅爾出生於荷蘭台夫特，生平少為人知，屬於少產畫家，留下的畫作只有三十多幅。在阿姆斯特丹的國立美術館收藏有他的兩幅巨作《讀信的藍衣少婦》和《倒牛奶的女僕》，大師擅長描繪荷蘭的日常家居生活，平凡的場

景，如廚房、起居室，在他筆下卻
營造出神聖永恆的氣氛。

生前默默無聞，直到十九世紀
末，才受到藝術界的肯定。

三樓另一邊連著幾間展室有
林布蘭特的幾幅精彩畫作，如《杜
普醫生的解剖課》、《晚年的自畫
像》等等。一間迷你型美術館，竟
然收藏了這麼多的大師名作，令人
驚歎。

從國會大廈搭一站電車前往梅
斯達全景博物館，只為了欣賞荷蘭
境內最大的一幅畫──《梅斯達全
景畫》，十九世紀畫家梅斯達將海
牙近郊的席凡尼根海景呈現在畫布
上，長120公尺，高14公尺，以360
度方式包圍著觀賞者，每一個角度
都可欣賞到不同的景觀，是難得的
賞畫經驗。

一趟海牙之旅，既品畫又賞
景，豐收滿行囊。

▎國會大廈

在濃蔭深處遇見庫拉・慕拉

荷蘭中部有一座美術館，隱蔽在佔地五千多公頃的國家公園內，那就是國立庫拉・慕拉美術館（Kroller Muller Museum），裡面展示著海倫・庫拉・慕拉夫人（1869—1939）生前豐富的收藏品。

這座美術館位於首都阿姆斯特丹東邊，相距約一百公里。初夏時，陪同丈夫去阿姆斯特丹開會，特地撥出一天搭火車前去朝聖。

慕拉夫人出生於富商之家，西元1888年與庫拉先生結婚，這位能幹的庫拉先生協助岳家擴張事業版圖，生意漸漸興隆而成為巨富。

西元1920年前後，慕拉夫人開始大量蒐購現代繪畫及雕塑作品，尤其對梵谷的油畫和素描更是傾力蒐集。收藏品包括油畫755件、雕刻275件以及大量的版畫和素描，這個規模不算大的美術館，光是梵谷的作品就有270件之多。

西元1909年，庫拉夫婦在荷蘭中部購置廣大的狩獵地。四年後，在林蔭中建立美術館，展示收藏品。西元1935年，將土地、建物和收藏品一齊捐獻給國家。三年後的7月13日，國立庫拉・慕拉美術館正式開館，由慕拉夫人擔任館長，次年，夫人去世。隔年，庫拉先生也過世。庫拉夫婦留下的豐厚珍藏，成為荷蘭的珍貴財富，更是全球藝術愛好者的福份。

*　　*　　*　　*　　*

這天，我們從阿姆斯特丹中央車站，搭乘火車，在烏特勒支（Utrecht）轉車，抵達安恆（Arnhem），出了火車站，往右邊的公路局，坐上3路車，抵達奧特羅（Oterlo）。

順著指標，來到霍格翡綠（Hoge.Veluwe）國家公園入口處，買了包含國家公園及美術館的門票，在公園處提供的免費自行車場，各自挑選了一輛車，順著自行車道開心地騎入濃蔭深處去。

頭頂上綠傘綿延，兩旁則是如茵青草地，除了偶爾幾聲鳥鳴，天地間是一片濃綠得化不開的沉寂。

約莫二十分鐘後，出了濃蔭路，眼前豁然開朗，離離草原，莽莽蒼蒼，迤邐至天邊。沿著車道踩踏，清風習習，陽光柔和，四野寂靜，沉浸在天寬地闊的閒適中，任由汗水輕輕滑落，自在又逍遙。

一路騎呀騎，草原消失了，竟然出現土黃色的沙漠，這片早期的狩獵地，地貌是如此多變。遇見騎乘的車友，彼此開懷道聲：「好！」在狹窄又微坡起伏的車道上錯車，你得握緊把手，以免衝倒路邊，膽小的我，好幾次被迫下來牽著車子走。

騎騎復騎騎，揮別了沙漠地，進入另一處茂密林蔭處，車友漸漸增多，地形起伏也更加頻繁，此起彼落的驚聲尖叫，伴隨著開懷的歡笑聲。在這天高地遠的大自然中，人人丟棄了拘謹的包袱，恣意笑鬧！

「奇怪，騎這麼久了，怎麼還不見美術館？」丈夫開始感到狐疑。

「我們是順著路標走，沒錯啊。」我指著路標說。

依旅遊書上的資訊是，從奧特羅騎車只需十多分鐘便可抵達美術館，而我們已經騎了五十多分鐘。問對向騎來的車友，確定我們的方向就是騎往美術館。既然方向沒錯，兩人便放心地繼續騎，且悠閒地享受這片天蒼蒼野茫茫的壯闊原野吧！

二十多分鐘後，終於來到美術館，看到那尊奧斯瓦爾德文氏所雕的《大人雅克》（1955）胖個子塑像，滿心雀躍，一路騎乘的勞累早已拋諸腦後。

原來，直接到美術館有另一個入口，而我們則是從國家公園的入口進來，所以繞了一大圈路。

「嘿，這不是誤入桃花源嗎？」他開心說道。

「參觀美術館還兼騎遊國家公園，真是傻人有傻福！」我笑說。

旅遊的魅力，往往因為這樣誤打誤撞的驚喜而增添更多樂趣。

停好車，兩人興沖沖地往美術館行去。

＊　　＊　　＊　　＊　　＊

這是一座頗具現代感的建築，前庭除了那尊胖個子塑像，還有一座馬克二Suvero的紅色雕塑《K件》（1972），伸張的長臂，熱情地歡迎遊客光臨。

寄放好背包，驗過票，沿著落地窗通道往裡走，兩旁羅列著各種雕塑品，大片、大片的玻璃窗，將外面的蒼翠碧綠攬入室內，使得內外融合為一體，讓一尊尊雕塑因光影的變化，呈現出不同的樣貌。設計師的巧思，將大自然的美景加以如此挪移借用，令人讚歎。

來到展覽間，有立體派大師塞尚、畢卡索和勃拉克的作品；也有印象派畫家雷諾瓦、高更的畫作；而收藏最豐富的，則屬後印象派大師梵谷的作品，除了在阿姆斯特丹的梵谷美術館，就屬這裡最多了。

再往裡走，是梵谷的展示間，左邊展出早期灰暗色調的作品如《戴白帽的農婦》等都屬大師在荷蘭時期的名作；右邊的展場則是阿耳時期，色彩明亮眩目的畫作，《廣場上的夜間咖啡座》、《河邊的洗衣婦》、《郵差》等等鉅作。

多年前，曾經和丈夫遊歷阿耳，兩人抱著畫冊走尋大師寫生的場景。如今，佇立在一幅幅真跡前細細品賞，大師的創作精神，洶湧澎湃，直搗心門！就在那一刻，畫冊、場景和真跡，跨越時空融合成一體，《廣場上的夜間咖啡座》燈光與黑暗的對照更鮮明了，《河邊的洗衣婦》河水的波紋閃耀流動，《郵差》的大鬍鬚更顯捲曲而蓬鬆……。賞畫之樂，樂在能夠貼近作品，與大師進行一場心靈對話。

一個落魄潦倒的畫家，生前只賣出一幅畫，有幸在身後得遇貴人，將大量的作品用心珍藏在這座美術館裡，更捐獻給國家，吸引了世界各地的藝術愛好者前　來朝聖，大師地下有知，應會含笑瞑目了吧！

館方容許拍照但禁用閃光燈，流連館內，時而遠觀，時而近賞，左拍右拍，心滿意足地攝錄了大師的鉅作圖像。

美術館外，又是處處充滿驚嘆號！這座全歐洲最大的雕塑公園，青青草地上，這裡一尊，那裡一座，錯落有致地擺置，有瑪塔潘的《白色雕塑》、奧古斯特羅丹的《之源》、阿里斯蒂德馬約爾的《L'空氣》……等等名家的雕塑品。每一件作品除了呈現藝術家的創作理念，還考量到與公園環境所共同營造的和諧意境。徜徉在

▌倒影

濃蔭小徑間，聽鳥鳴啁啾，聞花草芬芳，賞大師們雕塑，我倆輕聲細語，唯恐戳破了這濃郁的藝術氛圍。眼、耳、鼻、舌得到了全然的滋養與釋放！

在一片蓊鬱蒼翠的大地上，展示著大師們的畫作和雕塑，富而好美，又無私地捐獻出來，慕拉夫人對藝術的崇高情懷，深深烙印在藝術愛好者的心坎裡。誠如她所說：「美是永遠的。」藝術的美是永遠的，而慕拉夫人的心靈之美，更是永恆不朽。

♫ INFORMATION 旅 遊 資 訊 ♫

國立庫拉‧慕拉美術館
http://www.mgbahn.ch/en/

開放時間 |
週二至週六：10：00—17：00
4月至10月　週日：11：00—17：00
11月3月　週日：13：00—17：00

交通 |
阿姆斯特丹〈火車〉→安恆〈Arnhem〉→VAD巴士107路→奧特羅
〈Otterlo〉→步行或騎自行車20分鐘→美術館
阿姆斯特丹〈火車〉→安恆〈Arnhem〉→客運車3路→奧特羅
〈Otterlo〉騎自行車遊覽國家公園和參觀美術館。
6月至8月間：有巴士從安恆到美術館。從安恆搭往Hogago Veluwe
的12路巴士→美術館。

心靈安頓處所

　　從4號電車下來，依著地圖尋找「林布蘭特之家」。
清晨的街道冷冷清清，只見上班族騎著腳踏車輕快地踩踏
前去，不久來到一棟建築前，牆上掛著一幅熟悉的林布
蘭特自畫像。這棟位於高級住宅區的房子，原本是畫家
林布蘭特在西元1639—1658年間的住家，當時林布蘭特的
生活和繪畫兩皆得意，但後來短短幾年內多位親人相繼去
世，經濟也陷入困境，西元1658房子被拍賣，西元1911年
荷蘭政府將它改建成現在的博物館。在藝術生涯最後二十
年（1649—1669）的困頓時期，大師以超乎尋常的毅力，
將藝術提升到精神層次，潛心探索光影的明暗對比，呈現
出安詳莊嚴的宗教氛圍。這時期的人物肖像，畫面上的人
物，彷彿在向上帝傾訴內心深處的苦楚。在西方藝術史上
贏得「光影大師」的尊稱。

　　博物館十點才開放參觀，轉角有間以大師為名的餐
廳，拍了幾張照片，便緩緩離去。日前已在國立美術館參
觀了大師的輝煌創作，於願已足。到此一遊，只想對這位
光影大師表達誠摯的敬意。

　　搭電車在水壩廣場下車，折入國家紀念碑旁的巷子，
來到了阿姆斯特丹最古老的舊教堂，木製屋頂，門上貼有
許多哥德式和文藝復興式的浮雕。奇特的是，四周圍繞著
販賣各式情趣用品的商店，後方更有一段櫥窗，裡面展示
的是清涼穿著的曼妙佳麗。轉個彎一條臨河街巷上，接二
連三高掛著「Blue Dog」的店招，上面畫著呲牙裂嘴的兇
惡狗頭，這些是荷蘭合法營業的大麻店，裡面隱約傳出震
耳喧鬧的音樂，幾位青少年在門口交頭接耳，似乎猶豫著

是否要進去？人性的靈肉善惡，在這裡面臨嚴酷的對決。一座莊嚴優雅的老教堂，昂然兀立在五光十色的紅燈區，想必是上帝慈悲，為了召喚迷途的羔羊吧！

為了尋找阿姆斯格林教堂，繞了不少冤枉路，連續問了六七個人才弄清方向，從40號直走到318號，原來從剛才的大麻店往前直走就對了。在尋找中意外發現當初創校時稱「雅典學院」的阿姆斯特丹大學，隔著一條小運河與老教堂惺惺相惜，臨河一個小巧精美的大門上赫然寫著「Athenaeum Illustre」，目前已成為大學博物館。旅途中往往因為迷路而撞見意外驚喜，為旅途增添更多魅力。

行行復行行，終於找到了318號，尋常人家的小小門面，仰頭看見高掛的教堂旗幟，才安心推門進去。

這是一座阿姆斯特丹市區最小的教堂，十七世紀中葉，荷蘭境內只有喀爾文派的新教徒可以舉行公開的宗教活動，一位天主教徒商人Jan Hartman將三幢山形牆建築的頂樓打通，改建成可容納300多人的天主教禮拜堂。陽光投射進來，挑高兩層樓的祭壇氣勢莊嚴，後方的聖像則顯得和藹可親。這個高踞頂樓的祕密天主堂，讓我想起土耳其卡帕多奇亞奇岩區隱在洞中的教堂，對人類追求宗教信仰的堅定精神，由衷發出讚歎與敬佩。

走筆至此，赫然發現，一個早上遊走的路線，隱隱中竟是靈性尋覓安頓的處所，林布蘭特在繪畫中找到了上帝，芸芸眾生來到教堂親近上帝，巍峨聳立的老教堂也好，隱匿在閣樓中的「地下」教堂也好，那寧靜莊嚴的氛圍撫慰了多少紅塵俗世間焦躁不安的心靈！

▌林布蘭特雕像

老教堂

阿姆斯格林教堂

Chapter 3
西班牙

去巴塞隆納向高第致敬

　　巴塞隆納位於西班牙東北部，是地中海岸最大的城市，閃閃發亮於歐洲大陸上，不論現代建築或時尚流行，都居於龍頭的領先地位。

　　自古是加泰隆尼亞的首都，北邊接壤法國，因此與巴黎的步調反而比跟本國首都馬德里來得密切。加泰隆尼亞是伊比利半島進入歐洲的門戶，原本是個獨立國家，有自己的文化和語言。西元1469年，斐南德三世與伊莎貝爾一世聯姻，統一了各個聯邦，而成為西班牙新王國的一份子，但當地人民仍堅守自己的文化語言，以身為加泰隆尼亞人為榮。

　　由於特殊的地理位置，而孕育出高第這樣的建築奇才。

▌夢幻建築大師

　　安東尼高第（Antoni Gaudi 1852—1926）出生於加泰隆尼亞近鄰的小鎮，家族三代都是銅匠，母親也出身工匠世家。一生的事業幾乎都在巴塞隆納發展，他是加泰隆尼亞文化的捍衛者，十分堅持使用母語，甚至晉見國王時也

用自己的母語交談。一生秉持著對創作的堅持和對天主教的虔誠信仰。西元1878年從高等建築學校畢業，認識了志同道合的富商奎爾（Eusebio Guell），從此奎爾成為高第的贊助者，資助他完成奎爾公園及其他幾個建築作品。

高第一生在巴塞隆納設計完成了許多建築：西元1883年接受聖家堂計劃、西元1886年興建奎爾宮、西元1900年興建奎爾公園、西元1914年起，不再接案，專心建造聖家堂，西元1926年因車禍意外過世，留下未完成的聖家堂。

高第融合了加泰隆尼亞文化、新藝術主義和自然主義，建造出許多顛覆傳統，創意驚人的建築，強烈突顯出個人的獨特風格。西元1984年，奎爾公園和奎爾宮一同被列入世界遺產名錄。最令人矚目的聖家堂，則橫跨三個世紀，至今仍在施工中。

法國總統克里蒙梭形容米拉大廈：「像一隻巨大的特洛伊木馬」又像「恐龍的窩」。英國有位建築師說：「巴特羅大廈好似童話裡的糖果屋」。

英國《動物農莊》的作者喬治‧歐威爾，更批評聖家堂是一座醜陋的建築，並質疑西班牙為何不在內戰（1936）時將它炸毀。

雖然受到毀譽參半的評論，巴塞隆納卻因這群建築而聲名遠播，絡繹不絕的遊客，每年替這座城市賺進四億美金，「朝聖者」帶著滿心的敬意，前來緬懷這位天才建築大師。西元2003年12月，梵諦岡天主教教廷冊封高第為「聖人」。

▋巴特婁之家

▌聖家堂——貧苦百姓的贖罪教堂

高第的聖家堂（1883—1926—？），是一座哥德式教堂，但是它的外觀卻不怎麼像教堂。從遠處看像六支玉米，近看卻像科幻電影裡的飛行站。從西元1865年開始籌劃至西元1926年高第逝世，直到今日，甚至於未來百年內，永遠都在施工中。

高聳在藍天中的尖柱，在頂端又雕塑可愛的造型，恢宏華麗中，朗朗充滿了童趣，舉頭仰望，令人莞爾。

西元1865年巴塞隆納剛經歷了一場流行病，隔年有位叫波卡貝拉的出版商到羅馬朝聖，深受聖靈感動，回到巴塞隆納後決心建造一座教堂，供奉聖家族—耶穌、聖母馬利亞和聖約瑟。

波卡貝拉奔走了十五年募集資金，終於買了塊地，輾轉找到高第負責設計建築的工作。由於高第力求完美，加上聖家堂只接受民眾的小額捐款，使得工程斷斷續續地進行。後來高第乾脆住進聖家堂，就近監工，同時到處募款，以便教堂能順利施工。

西元1926年6月7日，高第忙完工作後，照例前往附近的教堂祈禱，途中不幸被電車撞倒，因穿著老舊被誤以為是流浪漢，錯失搶救時機而傷重去世。巴塞隆納市民悲傷之餘，將大師安葬在聖家堂地下，成為教堂永遠的守護神。

聖家堂的設計充滿了象徵：教堂南面是象徵榮耀的正門，顯示出天主的榮耀和大愛；東邊是誕生立面，象徵生命與希望；西邊則是受難立面，簡潔雕刻出耶穌的受難及悲傷的氛圍。正中央170公尺的高塔象徵耶穌基督，其他五座140公尺的塔，則代表聖母馬利亞及四位《聖經》福音書作家，十二座鐘樓代表耶穌的十二門徒。

來到聖家堂，遠遠地便能看見大型吊車在高塔間擺動，舉目仰望，連聲驚嘆之餘，忍不住輕聲詢問大師：完工之日，可知否？

聖家堂立面

▍奎爾公園──富商與天才的絕配之作

在介紹奎爾公園之前，先認識它的贊助者奎爾（Eusebi Guell Bacigalupi 1848—1918），出身困苦的奎爾先生，前往美國從事紡織業致富後回到西班牙，家財萬貫，人文素養深厚，更竭盡所能護衛故鄉加泰隆尼亞的文化，基於對藝術的珍重，全力資助高第的創新設計。富商和天才彼此建立了深厚的情誼，共同完成了許多建築夢想，為巴塞隆納留下為數可觀的不朽建築。

奎爾公園位於巴塞隆納西北邊，是奎爾委託高第建造的案子，本來的構想是要興建一個充滿綠意的理想社區，後來因二次大戰爆發，奎爾家族無力負擔這項企劃而將這片土地賣給政府，高第繼續受託進行工程，從原本的豪宅社區變成對外開放的公園。目前完成的是一座公園，以及一戶樣品屋兼高第住宅，現在已做為高第博物館。

原本是寸草不生崎嶇陡峭的荒地，高第設計出一條蜿蜒如龍潛行的步道，沿著山勢一路往上延伸，直到公園出口處。原本要當做市場的柱廳，用九十多根柱子支撐著屋頂，每根柱子像是土裡長出來的樹木，屋頂闢成大廣場，雨水則經由地板和柱子流入貯水槽，用來灌溉草木。圍繞在廣場邊緣的波浪形長椅，更見出高第的創意發想，既可供遊客閒坐休息，又可做為安全欄杆。利用彩色碎磁磚和玻璃，讓工人自由拼貼出各種圖案的座椅，成為一件多彩多姿的集體創作。

一個夏日午後，我頂著大太陽，氣喘噓噓地往上走，來到廣場上，早已汗流浹背，斜倚在波浪長椅上，清風徐徐，消融了幾分暑熱。遊人三五聚坐，談心歡笑，我則獨坐一隅，靜靜分享眼前的歡樂氣息。視野遼闊，園內花木扶梳，入口處那兩棟造型奇特的建築，顏色鮮艷，蘑菇形狀的尖塔，朗朗呈現出高第充滿童趣的創意精神。

富豪與藝術家的相知相惜，為一個城市留下如此多膾炙人口的珍貴藝術，這份高貴的情操，令人感佩。西班牙的巴塞隆納如此，義大利的佛羅倫斯如此，荷蘭的庫拉‧慕拉美術館也如此。在欣賞大師們的藝術創作之餘，不禁為這些贊助者的無私奉獻，油然升起崇敬之意。

▋奎爾公園糖果屋

畢卡索美術館，天才畫家的完整收藏

這天，穿過曲曲折折的巷弄，來到一棟古老的建築前，為的是參觀畢卡索美術館。

畢卡索（Pablo Ruiz Picasso 1881—1973）出生於西班牙南方的馬拉加，十四歲時全家移居到巴塞隆納，從此開啟了一位天才的藝術生涯。他是二十世紀偉大的藝術家，留下的創作超過兩萬件，包括油畫、素描、雕塑、陶瓷和拼貼等作品，是立體主義畫派的開創者，因為勤於創作、跨足繪畫各種領域，勇敢嘗試新的畫風，加上長壽，是少數在生前享有名與利的畫家。

被公認的三幅代表作是：亞維儂的少女（1907）、格爾尼卡（1937）、哭泣的女人（1937）。

有別於高第的土生土長，一生的建築創作長留在巴塞隆納，畢卡索的足跡則遠至馬德里、法國巴黎及蔚藍海岸，最後終老於法國。他的作品，廣被各國美術館收藏，少數畫作更是輾轉流傳於世界各地，成為拍賣場裡炙手可熱的珍寶。

這條清幽的尋常小巷，因為大師的光環而透出濃濃藝術氛圍。美術館並不大，但收藏品卻涵蓋了畫家從早期、歷經藍色時期、粉紅色時期、立體派時期至晚期等每個時期的畫作，足以讓觀眾瞭解大師的繪畫生命歷程。3000多件作品包含油畫、素描、版畫和陶器等等。尤其引人矚目的是大師早期的作品，《科學與博愛》是畢卡索十三四歲時所畫，圖中斜放的床舖，呈現出延伸的視覺效果，畢卡索因而贏得了生平第一座繪畫獎。

一個天才的誕生，絕不是偶然的，或許可以說是上天刻意的安排。大師一生以創作藝術為職志，專心致力，並且勇於創新，對他來說，創作就是生命的全部。

　　孜孜不倦地創作出無以數計的傑作，為人類增添豐沛的藝術資產。那一幅幅雋永獨創的巨作，撫慰著多少世人焦渴的心靈。

　　藝術之影響，何其深遠！

蕾達的美麗午餐

這天清早，從巴塞隆納出發，往首都馬德里前進，十點左右，經過一個名叫蕾達的古老小鎮。

這座建立於羅馬時期的古鎮，因位居出入庇里牛斯山的門戶上，地位十分重要。西元八世紀初被來自北非的摩爾人佔領，直到十二世紀初才重回西班牙統治，小山頭上仍保留著古城堡遺跡。

鎮上有一座古色古香的老教堂，雕工細緻，尤其是長廊邊的雕花窗櫺，在在顯現出蕾達居民當年豐饒的藝術生活。

教堂裡，有電視公司在拍影片，陽光從上方的窗口斜斜地投射進來，畫出一道柔和的光暈，成為昏暗中的明亮焦點。攝影師一邊指揮模特兒移向那一道光，一邊對圍觀在旁的我們嘰哩呱拉，雖然有聽沒有懂，不過從他興奮的語氣和上揚的手勢，應該是在頌讚這座歷史悠久，雕琢精緻的老教堂。

後花園裡，一群幼稚園孩童嘰嘰喳喳在草地上嬉戲，天真的笑鬧聲，迴盪在長廊和花草間。莊嚴古老的教堂和活潑靈動的幼童，時空交錯在這一刻，人類的文明歷史，遂得以傳承接續至綿亙悠遠。

中午，有一個半小時的自由活動，覓食或採購，隨各人喜歡。

一條主街上，餐館內或樹蔭下，坐滿了享用美食的人群。饑腸正轆轆，瞄見桌上一碟碟的西班牙小吃─Patas，忍不住猛吞口水，卻是苦等不到位子。

走呀走的，終於在巷子裡的一個小商店裡，尋覓到了美食。一盒沙拉、一盒馬鈴薯泥魚漿丸，淋上蘿勒汁，視覺上真是賞心悅目。獨坐在路邊長椅上，一口一口細細品嚐，沙拉鮮脆，薯泥嫩滑，入口即化，引得味蕾在舌尖歡躍連連。

一客簡單可口的午餐，讓我品嚐出這個古老小鎮齒頰留香的悠遠滋味，為這趟旅程增添一場味覺的美麗邂逅。

▌馬鈴薯泥魚漿丸及沙拉

▌老教堂的雕花

馬德里的兩個廣場

從皇宮出來，轉到鄰近的太陽門廣場，周邊餐館和精品店比鄰而立，午餐時間，餐廳暴滿，好不容易選了一家速食店，點一份簡餐和飲料充饑。星期日的廣場上人來人往，有剛從教堂做完禮拜的老夫妻，有陪伴孩子嬉戲的父親，有卿卿我我的年輕情侶……，亮閃閃的陽光，把整個廣場烘托出活潑閒適的氛圍。一向鮮少光顧速食店，在細嚼慢嚥中，竟也吃出了個中滋味。莫非因六月時節，西班牙斑斕的陽光，讓味蕾從食物的禁錮中解放了出來？

用餐的人漸漸稀少，續了一杯飲料，好整以暇地沉澱思緒，將馬德里的熱情與浪漫細細收錄在筆記本裡。

豔陽下，白色花崗岩打造的皇宮，閃閃發出輝煌榮光。兩個多小時前，我們踏上一道豪華大理石主階梯，走進充滿洛可可風采的宮殿，走馬看花參觀皇宮。宮裡的規模擺設金碧輝煌，王公貴族的奢華生活，實非我輩尋常百姓所能體會。穿過一廳又一廳，處處都充滿了驚喜，太平盛世的華麗景象，讓我這遠來的遊客也感受到豐饒祥和的欣喜。

曾經是歷代皇室家族居住的宮殿，直到西元1931年阿方索十三世流亡為止。之後，西班牙經過內戰和佛朗明哥將軍統治，國王璜·卡洛斯一世希望民生休養，於是將這座富麗堂皇的宮殿與人民共享，皇室家族則搬往馬德里別宮過著低調的生活，只在舉行重要的公開儀式時才會在皇宮露面。

想起早上，在西班牙廣場的奇遇，不禁莞爾。

那個長方形的廣場在十八、十九世紀之間曾是皇宮的軍營，如今則成為觀光熱門景點，三尊雕像高高挺立在南邊，他們是《唐吉訶德傳》的作者塞萬提斯，以及書中的兩位主角唐吉訶德和潘沙，主僕兩人各自騎乘著瘦馬瘦驢，踏上旅途去鏟奸除惡的塑像，栩栩如生的神情，引得遊客爭相合照留念。

　　廣場左側，有哥倫布的雕像和幾片大型航海紀念碑，紀念這位西班牙偉大的航海家。

　　我正埋頭專心取景，身後突然傳來台語叫賣聲：

　　「三支五元，膨風（吹牛）免買啦⋯⋯。」回頭一看，嘿！竟然是一位中年阿兜仔在叫賣扇子。

　　這位西班牙男人，手握扇子，邊搧邊用台語對著我們這團來自台灣的遊客訴說苦情：

　　「我有三個老爸，四個某⋯⋯」
　　那一口輪轉的台語，誇張逗趣的動作，吸引了不少遊客。
　　「阮家米桶沒米了⋯⋯」
　　「七個囝仔沒飯呷⋯⋯」

　　唱作俱佳的哭調，逗得大家哈哈大笑。

　　他眼看時機成熟，趕緊從袋子裡抓出幾把扇子，一一兜售。尚未成交的，他便像隻蒼蠅般緊跟在身邊，喋喋不休地推銷。集合時間到了，他趕緊站在遊覽車門邊，一個不漏地懇求拜託，直到車子啟動了才作罷，轉身回到廣場，繼續尾隨其他觀光客。

　　走過許多城市，見識過各種推銷方式，像這樣的苦情訴求法，倒是第一遭，真是個天才推銷員。古有鏟奸除惡的唐吉訶德，今有唱作俱佳的阿兜仔，古今連串，穿越時空，塑造出人世間精彩的點睛人物。

　　兩個廣場，兩樣西班牙風情。

▌白色花崗岩打造的皇宮

▌高高挺立的三尊雕像

普拉多美術館

　　旅遊到西班牙馬德里，普拉多美術館是必參觀的一站，多達八千多幅的畫作，顯示出西班牙極盛時期的國力。

　　這裡收藏了全世界最多的西班牙繪畫，尤其是哥雅和委拉斯蓋茲兩位大師的作品，最是膾炙人口。

　　這座美術館原本是皇室的收藏館，收藏種類除了繪畫還包括雕刻、素描、手工藝品、裝飾品，甚至於金屬和錢幣等等。

　　十八世紀末，德國籍宮廷畫家門司向查理三世建言，將歷代國王的珍藏公開展示出來，以饗民眾。

　　但好事多磨，直到斐迪南七世時才興建了這座為西班牙藝術加冕的殿堂，美術館於西元1819年開放，外觀裝飾直到1850年才大功告成。皇后伊莎貝拉二世和館方大力蒐購，教會和畫家努力捐贈，館藏快速增加，幾經擴建，而成為一座館藏豐富的美術館，每年吸引成千上萬的藝術愛好者前來朝聖。

▌普拉多美術館

█ 宮廷畫家委拉斯蓋茲

十六世紀末到十七世紀之間，是西班牙的黃金時期，無論政治和經濟皆達到顯赫巔峰，宗教和文化上更出現了許多聖人、作家和畫家。菲利普四世雄才大略，將西班牙推向強盛國家之列，又熱愛藝術，培養出舉足輕重的畫家，其中宮廷畫家委拉斯蓋茲（Diego Velazquez 1599—1660）是當時的佼佼者，受到無上的敬重和禮遇，他的風格甚至影響了馬奈和畢卡索。

普拉多美術館一樓展出的是西班牙黃金時期的畫作，每一幅都是經典之作，而委拉斯蓋茲的代表作《侍女》更是鎮館之寶，被供在正中央的12號展覽室裡。充滿變化的光線以及眾多人物的擺置，產生了複雜卻完美的構圖。站在中央的小公主，被家族成員圍繞著，包括侍女、小丑和寵物，後方還有保母和軍官，而牆上的一面鏡子裡則出現國王與皇后，畫家也把自己融入畫面中。站在正後方門邊的軍官，似在窺探屋裡的情況，看與被看的情結中，留下了無限的想像空間。

大師成熟的筆觸和豐富的色彩，已達爐火純青的地步。

█ 貼近時代與內心的哥雅

西班牙另一位繪畫大師哥雅（Francisco Goya 1746—1828）是屬於浪漫主義畫家。早期的畫作承襲了委拉斯蓋茲和葛利哥的優美技法，擅長描繪衣飾的光澤，對畫中人物的性格和表情的掌握，則更加自由奔放。《穿衣的瑪雅》即為此期的代表作。

漸漸地，哥雅的畫風開始轉向社會事件，《五月三日》真實描繪出西元1808年發生的血腥鎮壓事件。當時西班牙被法國侵略，發生許多慘案，五月三日半夜裡，法軍槍殺數以百計的西班牙民眾，心懷悲憫的哥雅以這幅畫讓世人知道事件的真相，同時紀念這些受

害的小人物。畫面裡地上的燈籠發出唯一的光源，照亮了一群即將被槍殺民眾驚慌的臉孔，整個畫面充滿哀傷又蕭殺的恐怖氣氛。

　　晚年的哥雅，失聰又病痛纏身，內心飽受煎熬，他藉著畫布將狂暴的情感表露無遺，這些血腥黑暗的畫作，被歸類為「黑畫」，美術館將這系列畫作放在底層的特別展覽室中，與大師早年的風格加以區隔。

▌疑真似幻的波希

　　除了前面提到的兩位大師，還有另一位畫家波希（Hieronymus Bosch 1450—1560）的《人間樂園》也值得細細欣賞。

　　波希的畫，實在很難歸類於文藝復興時期的畫作。他的畫充滿了醜陋、荒謬和恐怖的氛圍，如真似幻的夢境景象，天馬行空的奇異畫風，完全不受保守年代的束縛，令人深受震撼。《人間樂園》分為三部分，左邊是天堂（伊甸園），中間是人間（極力刻畫人類的縱情淫樂、道德沉淪），右邊則是地獄。整個畫面充滿了怪物、夢境、火燄等圖象，彷彿是超現實的描繪技法。他把這些只可能在小說裡出現的場景，巧妙地組合在一個不可思議的空間裡。呈現出每個人內心深處那份恆久的恐懼，那麼真實，恍如親眼所見。

　　藝術之所以迷人，乃因為創作者把千變萬化的奇思怪想，轉化成懾人心弦的畫作，讓人觀賞之餘，禁不住讚嘆連連。

聖十字烈士谷

　　這天，來到馬德里郊外參觀聖十字烈士谷，它是西班牙內戰期間四萬多名陣亡將官的忠烈祠，內戰死亡二十多萬人，這裡埋葬的只佔五分之一領有官階的將官。

　　當年佛朗哥將軍動員上萬名政治犯，長達十八年，幾乎掏空整座山，完成了這座龐然巨大的建築，將軍本人逝世後也埋葬在這裡。

　　車子蜿蜒上山，遠遠地便望見一座巨大的十字架，聳立在山頂上，巍巍然挺立入雲天，氣勢恢宏懾人。愈接近十字架，愈感受到它的震懾威力。或許，唯有如此強大的十字架神力，才足以撫慰戰死異鄉或倉皇冤死的魂魄吧！

　　高達150公尺的十字架，插在深入岩層大約250公尺的大教堂頂上，入口上方雕有一幅巨大的《聖殤》像。

　　教堂依著山洞而建，從入口到出口長達250公尺，裡面空間寬敞，兩旁除了壁畫和手持寶劍的天使雕像之外，沒有太多裝飾，山洞中央是教堂中心的圓頂，正好坐落在巨大十字架下方，和主祭壇上懸吊著的耶穌十字架相互呼應。

　　從亮閃閃的戶外走進教堂，陰暗幽閉的空間，瀰漫著慽慽氛圍，令人不寒而慄，大夥下意識提高談話聲，給山洞稍稍帶來人間的活潑生氣。

　　建造一座如此巨大的十字架和教堂，是為了祈求亡者靈魂得著安息？還是為了贖罪？恐怕只有發動戰爭的政客們，內心了了分明吧？

「一將功成萬骨枯」，「古來征戰幾人回」？這個描述，道盡了戰爭的殘酷，古今中外皆然，而且不斷地在重演。自封為萬物之靈的人類呀，什麼時候才能掙脫出好戰的宿命輪迴？

▌巨大十字架

康斯艾格拉的風車群

午後兩點半，車子漸漸駛進風車村康斯艾格拉，小小的村落裡，一片沉寂，見不到一個人影，家家大門緊閉，是在午休呢，還是出門工作去了？

這個位於馬德里南方約兩小時車程的小村落，沿途上人煙稀少，黃土坡地綿延，顯得偏僻荒蕪。

或許正是這樣寂寥靜謐的空氣，引出塞萬提斯源源不絕的靈感，而寫出了《唐吉訶德傳》這部曠世巨作吧！

村外起伏的山崗上，一座廢棄的碉堡和一群風車列隊挺立，巨大的螺旋槳在風中緩緩轉動，恍如唐吉訶德幻想中的大怪物，正嚴陣以待他前來挑戰。野風強大，吹得人歪歪斜斜，幾乎站不住腳。於今才明白，是如此威猛凜冽的風勢，造就了風車的存在，從而激發作家創作出不朽巨著。

如今，唐吉訶德已經杳然遠去，而蒼穹下的一群風車，依舊巍巍然迎風挺立，訴說著這一片黃土地上強勁的生命力。

▌蒼穹下的風車

哥多華神宮般的大清真寺

六月，位於西班牙南部的哥多華，驕陽猛烈，炎熱逼人。

這個古老的城市曾被伊斯蘭教勢力統治了八世紀，留下許多摩爾式建築，成為當地的重要資產，街坊間也瀰漫著濃濃的伊斯蘭風情。

西元1491年斐迪南國王和伊莎貝拉王后收復了哥多華，之後統一了西班牙國土，全國改信奉天主教，於是伊斯蘭教和天主教的文化相互融合，擦撞出許多火花，而醞釀出哥多華獨特迷人的風采。

今天要參觀的「哥多華清真寺」，就是將伊斯蘭教的清真寺部分加以改建成大教堂，形成阿拉與天主共聚一「堂」的獨特景觀。由於之前並未看過它的圖片，以為它就跟一般清真寺一樣，簡潔而莊嚴。

進得寺裡，迎面而來的，竟是林立的石柱，層疊鮮艷的馬蹄拱頂和雕鏤精緻的細格窗，偌大的空間裡，幾盞微弱的吊燈，指引著人們的動線，我感到疑惑，是否來到了阿拉丁的神宮，緩步移動中，禁不住連連瞠目結舌。

天花板上的橫樑，是赭紅色的弧紋，地上的柱頭，也是赭紅色的弧紋。剛進來時，頓覺眼花撩亂，漸漸適應了，才看出它亂中有序的繁複之美。

啊，是那個膽大天才，接通阿拉的旨意而設計出如此華麗的清真寺？

在寺裡，盤桓流連，竭盡心力取角度、調光圈，一心一意要將這神奇的清真寺，捕捉入記憶的扉頁裡。

古城內的花徑小路

走著走著，等待在那裡的又是另一個更大的驚訝，清真寺的另一邊竟然被改建成天主教堂。於是，這座「哥多華清真寺」原本由阿拉統治的王國，搖身一變成為與上帝共治的聯合國。

　　其實，阿拉和上帝本是同一個造物主，只因不同的民族而給予不同的稱謂，放下對宗教教派的執著，哥多華的居民能夠同時蒙受阿拉和上帝的護佑，何等幸福！

　　中午時分，在古城鬧區遊走。小小的街市，因為商店和餐館羅列，而顯得繁華熱鬧。家家戶戶的窗台上，花草爭豔，把白牆紅瓦的街弄，妝點成一座美麗的花園。

　　阿拉丁神宮般的清真寺，繁花似錦的街市，處處飄散著的伊斯蘭風情，組成了哥多華令人低迴的雋永記憶。

▌清真寺內部

塞哥維亞橫跨天際的水道橋

　　近午時分，來到聳立於高地上的塞哥維亞舊城。

　　在羅馬時期，從西班牙南部的梅里達到東部的薩拉果沙，之間的重要據點是塞哥維亞，因此在這裡建立了重要的軍事基地，更修建了一條堅固的水道橋。

　　下得車，抬眼仰望，一道彩虹般的拱橋，高高橫跨在藍天白雲間，烈日當空，為這個古城畫出一道氣勢磅礡的天際線。藉著這道橋，將鄰近高山上的泉水，引入城裡，重達一、二噸的花崗岩，層層堆疊出730公尺長的距離，其間更要克服一公里的高低落差。整座石橋共有166道拱門、120根立柱，分為上下兩層，利用橋身上的小洞分散建築的壓力，因而能夠屹立不搖達兩千多年。這座水道橋造福了塞哥維亞的居民長達十多世紀。雄偉高聳的拱橋，象徵著羅馬帝國的威赫國力，以及善用大自然資源的高超技術。

　　塞哥維亞是伊莎貝拉女王的誕生地，或許因為獨特的環境，而孕育出她驍勇果決的個性，將統治西班牙長達八世紀的摩爾人驅逐出境，統一了西班牙的天主教王國。

　　穿過拱橋下方，往城內漫步而行，曲折蜿蜒的巷弄，轉角處，民家陽台邊，總懸掛有一盞美麗的路燈，默默地指引著過往行人。雖是日頭赤炎炎的大白天，異鄉的旅人，也隱隱然感受到了那份溫馨款待。

　　來到市中心，眼前出現一座雄偉的哥德式大教堂，一根根細長聳立的尖塔，彷如禮拜堂裡教徒們齊聲合唱的讚美，欲將真誠的祈禱上達天聽的真誠願力。

繼續往前走，望見一棟土黃色古堡屹立在不遠處，優美的造型像似溫柔婉約的美人，走近欣賞，訝然發現牆面的紋路如此精雕細琢，藍天白雲下，美人娉婷而立，風雅自在。

　　驕陽豔豔，藍天蔚蔚，徜徉曲徑巷弄間，我見識了一道宏偉的彩虹橋，認識了一位英明果敢的伊莎貝拉女王，讚嘆一座雄偉的大教堂，欣賞了一棟線條優雅的古堡，這些雋永精緻的元素，組成了塞哥維亞文風濃郁的歷史記憶。

▌橫跨天際的水道橋

■ 雄偉的哥德式大教堂

■ 溫柔婉約的古堡

格拉那達，充滿濃濃伊斯蘭風情

▌阿罕布拉宮——伊斯蘭的絕世宮殿

西元八世紀時，摩爾人入侵伊比利半島，在西班牙格拉那達建立基地，開始長達八百多年的回教統治，直到西元1491年，信奉天主教的斐迪南國王與伊莎貝拉王后，攻陷摩爾人的最後據點—格拉那達，統一了西班牙。

摩爾人留給格拉那達典型的伊斯蘭建築和濃濃的阿拉伯文化風情，因此有人說：格拉那達的特質就是阿拉伯。一座屹立在達洛河谷上方山巒上，宏偉華麗的「阿罕布拉宮」以及花園，驗證了阿拉伯統治時期的強盛繁榮，更顯現出伊斯蘭文化光輝燦爛的光芒，這是當今世界僅存的中世紀伊斯蘭宮殿，西元1984年被聯合國教科文組織列入世界遺產。

格拉那達在當地的卡斯提爾語意為「石榴果實」，石榴是格拉那達的象徵，當地的陶瓷器皿上，多繪有石榴圖案；而「阿罕布拉宮」阿拉伯語為「紅宮」之意，夕陽西下時遠眺這座聳立在山丘上的宮殿，呈現出一片豔紅的華麗景觀，真是名副其實的「紅宮」。

來自北非大漠的摩爾人，善用水的動感、清涼和韻律等元素，將建築與庭園設計得優雅而閒適，「阿罕布拉宮」以及周圍的大花園，將這些巧思技術發揮到淋漓盡致。

隨著導遊穿間走室，圓形細柱、馬蹄形拱門柱廊等等，極盡精雕細琢的功力在在令人嘆為觀止。還有以阿拉伯文、藤蔓和幾何花紋所組成的連續圖案，更是綿密曲折，散發出華麗又神祕的氛圍，令人見識到伊斯蘭建築形式和內涵之博大精深。

▊ 金壁輝煌的宮殿

　　尤其是「獅子噴泉」及周圍的宮殿，更顯出伊斯蘭建築的精華。中庭有一座由12頭猛獅扛起的噴泉，林立的大理石柱，像一群窈窕玉女，亭亭嫋嫋地環繞四周，婉約的溫柔意欲融化獅群的剛猛。上方則滿佈鏤空雕飾，整個空間顯得秀麗而飄逸。巧奪天工的妙思精技，令人彳亍流連，不忍離去。

　　出了阿罕布拉宮，沿著花徑步行約十分鐘，來到東北邊的「軒內洛尼菲花園」，這是當年摩爾國王的避暑離宮。處處花團錦簇，萬紫千紅，幾疑走進了愛麗絲的夢遊仙境。世居沙漠的阿拉伯民族，對於園藝和水有著一份近乎迷戀的情結，園內奇花異草，爭相綻放；徜徉在幽香花徑間，赫然出現噴泉水池，令人驚喜連連。如此嫵媚多嬌，因而博得了「伊斯蘭花園極品」的美稱。

▌阿拉伯區巡禮──置身赤熱沙漠中

　　午餐後，頂著大太陽，在阿拉伯區活動，民家、商店的裝飾和擺設，處處洋溢著濃濃的阿拉伯風情。穿梭蜿蜒斜巷間，耳邊遼繞著神祕的阿拉伯音樂，有些商販，身穿白袍，加上陣陣襲人的熱浪，令人幾疑置身在赤熱沙漠中，空氣，融化了，時光，蒸發了。我邊擦汗邊按快門，雖是燠熱難當，卻陶醉在無窮的探索樂趣中。

　　出了巷弄，瞥見馬路兩旁擠滿了人群，高舉相機對著前方猛拍。直覺告訴我有好戲正在上演。快步擠上前去，嚇，一輛卡車緩緩駛來，上面載滿小丑，正扭腰擺臀向觀眾揮手。哇！卡車後方，出現了幾位踩高蹺的瘦長小丑，沿街邊表演邊滑行，誇張的動作逗得觀眾樂呵呵。我猛按快門，又不忘鼓掌歡呼，一雙手忙得不亦樂乎。

　　這一段小丑插曲，為格拉那達之旅，增添了幾分歡樂記憶。

▌踩高蹺的瘦長小丑

那一夜，聆賞佛拉明哥

　　旅遊到西班牙格拉那達，有天晚上欣賞了一場很棒的佛拉明哥，場地在城外山坡上的吉普賽區，岩洞般的一家小酒館裡。

　　佛拉明哥一詞的阿拉伯語fellah mengu，意為逃亡的農民，是發源於西班牙南部，安達魯西亞地區的一種藝術形式。西元十五世紀西班牙戰勝摩爾人之後，強迫國內的摩爾人和猶太人信奉天主教，否則便遷往非洲去。光是西元1499年就有五萬摩爾人被迫接受洗禮。大批摩爾人、猶太人和吉普賽人逃往鄉下和山中，以保存他們的傳統文化，這就是佛拉明哥藝術形成的背景。

　　由於這個歷史背景，佛拉明哥舞蹈中往往呈現出大量的悲憤、抗爭、希望和自豪的情緒宣洩，而歌唱者近乎沙啞的嗓音，也映照了它的起源環境。當代著名的佛拉明哥舞蹈家，大都為吉普賽人。

　　佛拉明哥的基本元素有三種，即腳法、手勢和響板。腳法有四種：前半腳掌、腳跟、腳尖及全腳掌。

（一）腳法：功夫的高下取決於在地板上踩踏出乾淨、俐落、紮實、悅耳又多變化節奏的聲響。

（二）手勢：佛拉明哥的手勢沒有一刻靜止，手腕的旋轉帶動手指一根根向內外撩轉，連帶運行雙臂以配合身體的姿態，而傳達出源源不絕的內在情感。

（三）響板：響板掛在大拇指上，左右各套一副。左邊的音色低沉，用中指打拍子；右邊音高，用小指、無名指、中指及食指打四連音。

▎歌者與舞者　　　　　▎演出的舞台

　　它是一種即興式的舞蹈，沒有固定的舞步動作，全憑舞者、演唱者及伴奏人的默契演出，以達到和觀眾之間的情緒互動。

　　近年來，西班牙政府積極發展旅遊，佛拉明哥已經成為西班牙舞蹈的代表。欣賞正宗的佛拉明哥舞，以安達魯西亞地區的塞維爾和格拉那達為首選。

　　據導遊說，今晚的演員都是吉普賽的頂尖高手。演唱者悲涼的歌聲，舞者陰鬱的面容和犀利的眼神，加上鏗鏘的舞步，組合成佛拉明哥獨特的魅力。

　　首先出場的是男子獨唱，歌聲渾厚，乍聽之下有幾分暮鼓的沉穩力道，一路聽下去，卻漸漸讓人感覺到，似乎有塊大石壓在心頭上，直教人喘不過氣。接著舞者上台，有獨舞也有群舞，一舉手一投足，加上犀利又空茫的眼神，啊，我的心被緊緊揪懦住了。

　　曲終人散，走出幽暗的小酒館，慶幸能觀賞到如此精湛的表演，但那蒼涼的歌聲，陰鬱的面容，在涼風徐徐中，卻盤桓腦際，久久揮之不去。

　　在酒館門口，看見剛才在舞台上手舞足踏，神乎其技的男舞者，斜靠在椅子上，頻頻喘息，一副累癱了的樣子，觀眾向他稱讚道謝，但他似乎連擠出微笑的力氣都沒有，只能以點頭應答。

　　唉，一個沒有笑容的民族！

去塞維亞追尋卡門芳蹤

午後三四點，車子駛進了西班牙南部的塞維亞。一千多年前，塞維亞是西班牙最大的城市，回教、天主教和猶太教等三大派宗教種族，融合共處在這裡，激盪出這個城市多元而又獨特的風貌，也發生了許多纏綿動人的愛情故事。

車子沿著瓜達幾維河緩緩移動，這條河是貫穿塞維亞整個城市的命脈，河名的阿拉伯語，意思是大河流。

領隊一一介紹景點，鬥牛場、河濱的卡門雕像、早年的煙草工廠……等等。我的思緒不知不覺跌入法國歌劇家比才歌劇《卡門》的場景裡，故事就是以這幾個景點為背景，眼前浮現出女主角卡門一身鮮艷舞裝狂歌曼舞，一顰一笑間散發出迷人的魅惑魔力。耳邊依稀響起節奏明快的《鬥牛士之歌》，在昂揚的歌聲中，鬥牛士埃斯卡米洛踏著音樂節奏出場，雄赳赳的氣勢引得滿場歡呼，響徹雲霄。

卡門，整齣劇的靈魂人物，一位對愛情有獨到見解的吉普賽女郎，周旋在龍騎兵軍士唐霍塞和鬥牛士埃斯卡米洛之間，完全主宰著愛的掌控權。

有一年夏天，跟隨崔玉盤老師去義大利北方的維諾拉觀賞露天歌劇，上演《卡門》當晚，在化妝室巧遇一位德國少婦，身穿豔紅上衣，她說獨自專程從德國開車過來觀賞，結束後再開車回去。

「回到家都已經天亮囉，好辛苦哦。」我驚訝說。

「很值得，因為很喜歡卡門這個角色，尤其是今晚的主演者。」她略帶羞澀的笑說。

進場時天空有烏雲密佈，老師要大家祈禱老天不要下雨。

當卡門一身豔紅上場，唱出她對愛情的主張：

「愛情就像隻野鳥，沒有人能馴服，你的呼喊都將枉然，如果牠不想回應。」

「愛情像個吉普賽小孩，什麼規則也不知道；若你不愛我，我可會愛上你；但若我愛上你，你可要當心！」

「當你想出其不意地抓住愛之鳥，它已振翅而飛，愛情已遙遠，你只能期待；當你停止追逐，它又出現在你面前，圍繞著你，它來去迅捷，你認為掌握得了它，它卻逃避你，你認為你已自由時，它卻擄獲你。」

卡門像隻花蝴蝶，一步一鏗鏘，飛舞在寬廣的舞台上，高亢的嗓音讓人心盪神馳，銳利的眼神好似邱比特的利劍，她，瞄準好要擄獲愛的獵物了。全場掌聲連連，我大開眼界，跟之前欣賞影片中的情境真有天壤之別，視線緊追著冶豔身影，如癡如醉。無奈老天不作美，竟下雨了，愈下愈大，最後主辦單位宣佈散場，觀眾只得依依不捨離去。

撐著傘緩緩走回旅館，那高亢決絕的愛情觀仍縈在耳邊，不禁掛念起那位德國少婦，一路上是否滿心遺憾，握著方向盤穿越黑暗回到溫暖的家？

之後也曾有機會在歌劇院裡欣賞《卡門》，但女主角的唱腔和舞姿，總覺得少了那份自主力道，原來，心目中的《卡門》完美形象，遺落在維諾拉的露天歌劇院裡了。此番親臨故事發源地，好似找到了那塊拼圖，稍稍彌補了心中一絲絲缺憾。

啊，塞維亞，因為《卡門》，而讓一個來自東方的旅人，圓滿了朝聖般的心願。

Chapter 4
希臘

陶醉在天空之城——梅提歐拉

春日時節，跟隨丈夫到希臘首都雅典開會，因慕名「天空之城」梅提歐拉，特地前往一遊。

梅提歐拉位在希臘北部，一個叫卡蘭巴卡的純樸小鎮郊外。

從雅典搭乘高速巴士，往北走約五個小時，到終點站崔卡拉，再轉公車約四十分鐘便抵達卡蘭巴卡。

公車漸漸接近小鎮，四周赫然出現巨大的岩石此起彼落地「長」在大地上，那些巨岩形狀各異，色彩不同，或群聚，或孤立，有些岩石頂峰上，聳立著大小不一的修道院，彷如天外仙境，那些漂浮在空中的修道院，似乎更接近上帝的國度了。

梅提歐拉離小鎮有七公里遠，依民宿主人建議，我們放下行李，趕緊搭計程車上山，單程車資七歐元，來到最高處，規模最大的一座修道院下方。

抬頭仰望那座修道院，孑然聳立在一塊拔地而起的巨大岩塊上，我忍不住驚嘆道：「這麼高，怎麼上去呀！」

昨晚八點從桃園機場起程，整整飛行了十五小時，於

今天清晨抵達雅典，進了城安頓好行李，立刻搭乘長途巴士再轉公車，風塵僕僕趕到這裡，一路上少睡少吃，看到那天梯般曲折蜿蜒的台階，怪不得我腳軟啊！

「大老遠跑來，不上去多可惜呀，妳看上面有好多人呢！」丈夫使出慣用的激將法鼓勵我。

好吧，既來之則安之，向停在山下的餐車買了份潛艇堡，兩人囫圇吞食，以補充體力。鼓足勇氣，一階一喘地往上爬，跟一路輕鬆下山的遊客，形成強烈對比。

「加油！」一對香港青年為我們打氣。

爬爬復喘喘，花了將近一小時，總算抵達岩石頂峰，推開古樸的木門進入修道院內，售票處沒人，正狐疑間，有位修士急急走來，告訴我們動作要快，只剩十分鐘就要關門了。

喝，這還得了！我倆火速逛了一下，拍了幾張照片，工作人員已開始在催送遊客。

「不是五點才關門嗎？」我悻悻然問道。

「對不起，改成四點了。」

「請問什麼時候變更的？」我邊問邊按快門，試圖多爭取一點時間。

「上個月更改，門上有告示。」

好險！民宿老闆明明告知是五點關門，差點被他害慘。

短暫逗留後，修士禮貌卻堅定地一再催促，只得依依離去。

臨出門前，瞄了左方一個小房間，赫然發現架子上滿滿排列著骷髏頭！這一驚，非同小可，那來這麼多骷髏頭？不容我多想問，工作人員已半掩門扉再三催促，只得乖乖出來。

果真木門上寫得一清二楚：「開放時間：9am—4pm。週二至週四關閉。」

旅行多年，已習慣遇到類似資訊更改或錯誤的情況，早年少不了搥胸頓足一番，而今雖難免有一絲遺憾，但已能淡然處之。慢步下台階，陣陣清涼自山谷吹來，不覺省悟到，冥冥中與修道院的緣份，或許只需這短短的十分鐘。世間有許多人、事、物的遇合，不也如此？該你的，上天自有定數；不該你的，再強求也不可得。

想通了，那一絲絲的遺憾瞬間隨風飄逝，反而感恩上天今天是星期一，又恰恰恩賜了珍貴的最後十分鐘，讓我們得以入內一窺修道院的神祕氛圍。

步道轉折處，一襲黑袍飄然迎面而來，一位老修士正緩緩走回修道院去。一身黑影依傍著斑駁的岩壁，彳亍而行，與匆匆下山的遊客，擦出時空瞬間移轉的虛幻情境。

生命的真實義是什麼？修士緩緩上山，繼續過他清靜的隱修生活；遊客則急急投入紅塵，回歸五光十色的花花世界。那一堆骷髏頭的意義又是什麼？遊客可知曉？修士可曾參透了？我問清風，清風無語，只是默默吹拂。

西元十世紀，鄂圖曼土耳其人大舉入侵希臘，修士們遷居到這裡，在險峻的岩塊上鑿闢密室，延續東正教式的隱修生活。

西元十四世紀中期，一位來自北方的修士阿塔納西歐斯（Atanasios），來到此地，被眼前的景象震懾住了，忍不住驚呼：

「Meteora！」（梅提歐拉），希臘語即「漂浮在空中」之意。

阿塔納西歐斯在這片石峰最高處，著手建造了第一座修道院。早期，隱遁的修士靠木梯和繩索攀升峰頂；後來用纜網和流籠運送人及物品，修道院有一個臨山坳的窗口仍保留著繩網。現在則鋪設了石階，沿著蜿蜒的山路，即可抵達修道院。

對於信奉希臘正教的修士而言，能在天然岩洞內祈禱、讚頌和懺悔，是夢寐以求的清修場所。西元十五世紀，隱士思想興盛時期，共有二十四座修道院，現今有人居住的只剩五座。

修道院是神聖場所，女生進入參訪必須圍上長裙，院內準備有花布長裙供女客使用。

西元1988年，聯合國教科文組織將梅提歐拉列為文化與自然雙遺產。

沿著公路漫步下山，路旁，這裡一叢、那裡一堆羅列著奇岩怪石，恍如巨岩叢林，透著神祕氣氛。

「你看，那塊好像彌勒佛！」我指著遠方一塊石頭叫道。

「嘿！這是觀世音菩薩。」他也發現了一尊寶石。

向晚時分，公路上除了偶爾駛過的車輛，只有我們兩人，一邊搜尋，一邊拍照，享受著難得的寧謐寂靜。

幾塊岩石上，高聳著修道院，紅瓦白牆，傲然孤立在岩石頂峰。夕陽餘暉中，整個山野瀰漫著疑幻似真的森森氛圍。

落日緩緩沒入地平線，夜幕漸漸四合，巨石變成一幢幢黑色翦影，寒風朔朔，兩人加緊腳步，摸黑奔向燈火閃爍的鎮上，恍若從桃源秘境回歸紅塵的武陵人。

「呵，你們終於回來啦！」旅店老闆鬆了一口大氣。

牆上的鐘已然指向七點，饑腸早已碌碌，略作梳洗，外出覓

▌參訪告示

食去也。經過長途飛行、長途坐車，加上下午的健行，
今晚可得好好慰勞一番。

　　旅遊淡季的小鎮安詳寧靜，相中一家燈火明亮的
餐館，點了一盤綜合焗蔬菜、一份烤雞加飯，一客希臘
沙拉，再加一瓶店家自釀的紅酒。酒上來了，實在是太
渴，不自覺當它是可樂，舉杯咕嚕咕嚕一飲而盡，再來
一杯，兩人邊吃邊聊梅提歐拉的迷人魅力，不知不覺間
陣陣眩暈襲上腦門，整個人飄飄然地，雙手駕馭不住刀
叉，好不容易用完餐，在丈夫攙扶下，一路蹣跚回旅
館，倒頭便沉沉墜入夢鄉。

　　嘿，自認酒量不錯的我，竟然栽在兩杯紅酒裡，莫
非，巨岩刻意化作精靈，圍成圈圈，緊緊守護這個溫馨
小鎮，讓遠來的旅人能夠一夜酣夢到天明⋯⋯

▎ 巨岩上的修道院

▎ 拜占庭式圓頂教堂

上帝欽點的桃花源——卡蘭巴卡

　　卡蘭巴卡位在希臘北部，像淳樸的村姑般輕輕依偎在巨岩腳邊，是前往天空之城—梅提歐拉的必經之路。

　　初春時節，陪同丈夫到雅典參加醫學會議，因為女兒的建議，特意提前兩天去參訪天空之城—梅提歐拉，投宿在鎮裡一家民宿，因而有緣認識這個安靜的小村鎮。

　　清晨，從三樓臥房的陽台向外望出去，兩塊大巨岩昂然聳立在前方，旁邊更伴隨著一群大小不一，形狀各異的岩石，像個群居的聚落，彼此錯落有致地相互照應，左右扶持。不遠處，昨天路過，巍然聳立在巨岩上方的修道院，紅瓦屋頂，與山下紅瓦白牆的民居，遙相輝映，為這片大地揮灑出平衡、對稱的畫面。鎮上的屋宇，靜靜倚在巨石環繞的胸懷中，如此寧靜安詳，恍如上帝欽點的一處世外桃源。

　　這樣的良辰美景，豈容辜負？兩人趕緊背起相機，捕捉桃花源的出塵元素去也。

　　斜坡微微，朝著巨岩群集處緩步上行，早春的空氣，寒涼微凍，吐納間呼出縷縷白煙。家家戶戶庭院繽紛，桃紅、李白，還有鮮黃、淡紫等等叫不出名字的花朵，爭相綻放，迫不及待要傳遞春神來臨的消息。

　　幾家紅瓦屋頂上的煙囪，飄出淡淡炊煙，偶爾夾雜大人與小孩的笑語聲，似乎正在享用早餐，準備上班上學去。

　　來到小鎮的最高點，與最近的巨石相距大約有百米遠，饒是如此，還是感受到仰之彌高的巍巍氣勢。層岩疊嶂，錯落綿延，緊緊護衛著眼前的村落。極目下望，紅瓦屋舍迤邐至遠處的公路邊。大地一片沉靜、安詳。

▌剛柔兼具的桃花源

「感恩女兒的建議讓我們能置身如此美景裡。」丈夫感動說。

「是啊，有個這麼細膩貼心的女兒真好。」

循著蜿蜒的巷弄，兩人陶醉在按下快門的感動裡。一家民宿天馬行空的擺飾，令人驚豔，老闆看我們猛拍他的精心傑作，樂得笑呵呵；一位年輕媽媽推開矮鐵門，牽著小男孩準備上學去；拐個彎，有對父子在搬磚砌矮牆，互動的身影既悠閒又和樂……

啊，卡蘭巴卡，上帝欽點的桃花源！

陽光從巨石後方冉冉升起，不遠處的街道上傳來喇叭聲，揭開小鎮一天活絡的序幕。

饑腸碌碌的兩人，相互吆喝著該收工回旅社了，可沿路上，快門依然喀喳喀喳響個不停。

梅提歐拉高聳上達天國的修道院，令人讚嘆；而卡蘭巴卡的清麗脫俗，則引人沉醉。

走讀一座城市——歐陸人文風采之旅

104

▌微斜的巷弄

一方靜靜的庭院

醺醺然步出「雅典國立考古博物館」的展場，恍如從遠古的時空跌回到現實，腦海裡塞滿了石雕雄渾的影像，以及庶民農耕漁作的彩繪陶甕土瓶，那些林林總總的藝術創作和日用器皿，處處流露出當時人們的生活美感，幾千年後，讓一個遠從東方來的旅人，陶醉在甘醇濃郁的文化氛圍裡。

順著樓梯往下走，這裡有書店、有餐館，更令人驚豔的是，有一方小小的庭院，花木扶疏，四圍走廊上擺置著各式各樣的雕塑品，選了張向陽的長板凳坐下，試著將沉浸在古希臘文明的思緒慢慢沉澱下來。

今天一早，在旅館用過豐盛的早餐，和丈夫相偕外出。他西裝畢挺，背上大會發的提包，裡面裝著醫學會的資料簡介，精神抖擻地準備全心投入醫學會議。我則一身輕裝，肩背著相機，後背包裡裝有一本筆記簿、水瓶和食物。來到地鐵站互道晚上見，我沿著大學街往北走，今天要探訪的目標是「國立考古博物館」。沿途經過雅典學院、雅典大學和國家圖書館等希臘式建築。陽光明亮，上班族行步匆匆，我一派輕鬆漫步在寬廣的人行道上，任他車水馬龍，兩旁典雅的建築景觀已將心思引導入寧靜的場域中。多年的旅行經驗，讓我凝煉出這套悠遊自在的探索功夫。

邊走邊看，半個多小時後來到了「國立考古博物館」。

距離開館時間還有一刻鐘，在前方的椅子上坐下歇歇腿，為接下來的參觀儲備腳力。一向習慣當早起鳥兒的好處是，早早進入博物館可以避免擁擠嘈雜，能夠專心地觀賞作品。

這座歷史悠久的博物館，建於西元1850—1889年之間，是屬於古典主義的建築，優雅婷立在街角，與她裡面典藏的考古文物，有著裡外相得益彰的古雅韻味。西元1891年，希臘政府將分散在國內各處的所有古代文物送到這裡珍藏，館內的雕塑品都是古希臘大神廟和重要城邦的原作，展現出古代希臘雕塑的輝煌成果，功力之精緻，令人嘆為觀止。

　　展場有兩層樓，極為寬廣，一間穿過一間，整個人穿梭在幽邃的遠古時代，每一個朝代自有它輝煌的文物，流連在各個展場裡，置身在古文物裡，恍如走入迷宮，令人渾然忘了身在何處。

　　有幾件作品一直縈迴腦海，印象鮮明：

　　一樓四廳有《阿格曼農王的面具》（史前時期又稱邁錫尼時代約西元前2000—1200年）亮閃閃的黃金面具，彰顯出國王的尊榮，也呈現出邁錫尼時期的富裕和高度文明。

　　十五廳的《海神波塞頓的青銅像》（古典時期約西元前500—300年）威嚴的表情，勻稱的結構，右手正準備擲出三叉戟，被稱為是「美」的極致。

　　還有《豐收女神蒂美特浮雕》（古典時期約西元前500—300年）女神正諄諄教導人類栽培小麥。

　　二十一廳的《騎馬少年輕銅像》（古典時期約西元前500—300年）駿馬飛奔和背上少年的姿態，栩栩如生，充滿靈動感。

　　三十廳有《宙斯的大理石像》（希臘化時期約西元前130年）呈現出肢體肌肉的張力及衣著的細緻縐褶。

　　出了一樓，移步上二樓，裡面琳瑯滿目的瓶罐，又是另一種撞擊，大自高過人頭，小至可以手捧，是古希臘時期的陶器（約西元前900—300年），有的以造型取勝，有些則彩繪出當時的民情風俗。除了陶器，還有在瑟拉島發現的西元前1550—1500年之間的精

彩壁畫，如《漁夫》裸身的漁夫雙手提著滿滿兩串鮮魚，臉部泛漾出豐收的喜悅；《兩個拳擊男孩》靈秀的身材和友善的互擊姿態，令人嘖嘖稱奇。

這些精緻的作品，透露出古希臘民族在日常生活中所醞釀出的美感，也讓我認識到這個民族追求「純粹美感」的精神脈絡。誠如希臘哲學家柏拉圖所說：「美不只是藝術作品，而是一種完美的存在方式，是卓越和諧的反映。」

空氣中飄來淡淡咖啡香，把我從柏拉圖的冥想中拉回現實。

陽光暖烘烘，天空是典型的希臘湛藍，亮閃閃的陽光穿透橄欖樹葉灑下來，春風微微，葉影搖曳，將古今場景連結在一起。

那些在餐桌前享用美食的人、流連雕塑品之間的人，彷彿回到古希臘的生活樣貌。

從背包取出一顆蘋果、一粒橘子、一片烤餅，加上一壺水，就著滿庭春綠，好整以暇地享受著獨特的豐盛午餐。

鴿子和麻雀呼朋引伴地時而在地上啄食，時而跳上雕像頭頂，或是停棲在石雕手上，吱吱喳喳交頭接耳，快樂又逍遙。

時間，彷彿凝結了，人與鳥與雕像共享這靜靜的一方庭院，陶醉在香濃幽雅的古希臘氛圍裡。

▎馬背上的少年
▎國立考古博物館
▎館內的庭院

雅典衛城巡禮

　　清晨，走出位在辛塔格瑪廣場邊的旅館，穿過廣場，沿著交通繁忙的馬路，在郵局邊找到美特波里街，經過一座東正教教堂，轉進旁邊的巷子，接二連三的藝品店、咖啡屋和餐廳，從旅遊書得到的訊息，我確定已逐漸走入布拉卡區。

　　這裡是雅典的舊城區，古時衛城下方的民居所在，看到階梯便往上走，藉由它引領我前往衛城（Acropolis）去。

　　狹窄的巷弄蜿蜒交錯，斑駁的屋宇，散發出一股淡淡的懷舊風情，時光漸漸緩慢了下來，彷彿回到兩千多年前的古希臘時代。店家正忙著進貨和擦洗，準備開張，迎接來自四方的遊客。

　　半小時後，來到衛城山丘西側的售票和入口處，花十二歐元，買了張包含衛城、古市場和火神殿等六個遺蹟的門票，展開以衛城為中心的古蹟巡禮。

　　懷著朝聖般的心情，依循山丘下的小路前行，不久望見一堵牆面聳立在斜坡上，原來是阿提科斯音樂廳。這座音樂廳是雅典富豪海羅迪·阿提科斯所建，於西元161年捐給雅典市政府。舞台左右寬35公尺，觀眾席環繞四周，分32級呈扇形展開，可容納約五千人。舞台後方的建物高三層，一樓正面有三個入口及八個裝飾凹洞。古代，人們在這裡舉行音樂會和戲劇演出；如今，依然是雅典夏季音樂節的主會場。夏日夜晚，在這座近兩千年歷史的古蹟裡，聆賞一場音樂會，將是多麼享受的幸福！

山丘上方的「帕特儂神殿」（Patenon）時隱時現。這座祭祀雅典娜的神殿，建於西元前447—432年間，一群設計精密、造型典雅的多立克（Doric）石柱，巍峨沉穩地聳立山頭，在藍天白雲下，朗朗呈現出希臘民族追求和諧、理想的藝術精神極致。

兩千多年來，這座神殿歷經戰火摧殘、風吹雨打，但留下的建築結構遺跡，仍是如此堅厚穩固，彷如當年雅典娜以橄欖樹贏得統領雅典城邦時的英氣風發。

登上山頂，繞著神殿幾番逡巡，愈加體悟人之渺小。一會用長鏡頭仰望捕捉神殿柱子上精美的雕刻，一會用廣角攝掠神殿的宏偉結構，雖至頸肩酸麻終不悔。

獨坐一塊大石上，與神殿保持美感的距離，陽光灑在神殿上，春風微微，寒涼中透著幾許溫潤。遊人稀疏，四野沉靜，思緒不覺沉入悠遠的古希臘時代。

一陣笑鬧聲把我從遠古拉回到現實，兩三隊小學生邊聽老師講解邊打鬧，天真紅潤的臉頰，輝映在殘垣斷壁間，這景象讓我思索著：歷史是人類生命片斷的累積，未來延續著過去，眼前這群活潑兒童，莫非是兩千多年前的居民，在今日重回神殿，祭拜他們的守護神，敬愛的雅典娜？

位在帕特儂神殿的左側有座「伊瑞克提翁神殿」（Erechtheion），供奉著多位神祇，東邊是雅典娜的神室，西側則是海神波塞頓的神室。希臘神話記載：雅典娜與波塞頓兩位天神比賽取得雅典的統治權，最後雅典人民的選擇是，雅典娜創造的橄欖樹勝過海神的大海航權。橄欖樹不僅滋養了雅典人民，也是和平的象徵，因此成為雅典的市樹，而雅典娜則被尊奉為雅典城的守護神。

這座神殿最引人注目的是，位在西側轉角的「少女門廊」，六支少女石像的柱子，支撐著門廊，少女身姿亭亭玉立，自然垂墜的

長袍，下半部的袍褶線條和圓柱的凹槽相呼應，豐腴的身軀融合成堅固的柱體，為莊嚴的神廟增添了幾分活潑的靈動感。神廟前有棵橄欖樹，傳說是當年雅典娜所栽種。這座神廟開啟了「人像柱」建築的先河，影響歐洲兩千多年的建築風格。相對於帕特儂神殿的陽剛雄偉，伊瑞克提翁神殿則顯得優雅柔美。

陽光耀眼，驅走了寒意。轉個彎，來到「勝利女神殿」（The Temple of Athena Nike），線條細長的愛奧尼克（Ionic）石柱，展現出優雅綽約的風格。

在希臘神話中奈基最常見的形象是手持棕櫚枝或頭頂花環展翅翔翔，但雅典人卻塑造了沒有翅膀的勝利女神，據說是為了將祂永遠留在雅典。

神廟的東面是入口，裝飾帶上刻有奧林匹克諸神，其餘三面的浮雕則是描繪希波戰爭的故事，雕工細緻精美，呈現出希臘雕刻藝術之美。

當初為了讓山下居民抬頭即可仰望宏偉的神廟，這些建築大都貼近山沿而建，彼此間並沒平行或對稱的規則，主要是利用山丘的地形，充分展現出每座神廟最好的角度。晴空下，三座神殿各展神韻，相知相惜，同心接受子民的祭祀膜拜，更協力護佑著山下的沃野和生靈。

西元前五世紀左右，希臘出現了一位才智兼備的領導人伯里克利（Pericles）（西元前495—西元前429），他領導希臘戰勝波斯，並從戰後的廢墟中重建雅典，延攬出色的雕刻家、建築師和工藝家等，依照古希臘的建築風格，將雅典打造得雄偉壯麗，被稱為雅典的黃金時期，現存的許多古希臘建築是那個時代所留下來的。

伯里克利並提倡民主政治，當時產生了蘇格拉底和柏拉圖等知名哲學家。

衛城的建築群見證了雅典的繁榮昌盛，隨著希臘的衰微，雅典衛城經歷了無數次的戰火蹂躪而殘破不堪。幸好西元1930年代起，英、法、德的考古學家聚集衛城，挖掘出神廟、劇場和山下的市場……並加以復原。讓世人對古希臘城邦衛城的布局和歷史有更深入的了解，也見識了古希臘建築的精湛藝術。

走下台階，來到山門，幾根龐然巨柱，拔地擎天，像勇猛的衛士，扼守著整座山城。

湛藍天空下，巨大圓柱上方，幾朵白雲悠悠徘徊，似低語，似追憶……

■ 遠望衛城神殿

阿提科斯音樂廳

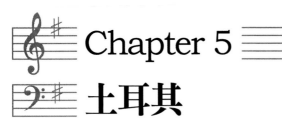

Chapter 5
土耳其

揭開伊斯坦堡新鮮事

　　仲夏時節的一個清晨，跟丈夫抵達土耳其伊斯坦堡的阿塔圖克機場，來接機的土耳其導遊阿里一口流利華語，沿路熱情地介紹這個地理位置特殊，而又充滿多元文化的城市：世界唯一橫跨歐亞的城市、把伊斯坦堡劃分為歐洲區與亞洲區的博斯普魯斯海峽、隨處可見的清真寺……，阿里用他豐富的歷史學識加上幽默的語調，引得我迫切地想一探這座神祕的城市。

　　伊斯坦堡是土耳其第一大城，曾是拜占庭帝國和鄂圖曼帝國的首都，橫跨歐亞兩洲，也是古代絲路的終點。

　　史上記載，大約西元前七世紀一個名叫拜占斯的希臘人，在此建立希臘的移民城市，取名「拜占庭」；西元四世紀時，羅馬皇帝君士坦丁攻陷這座城市，作為東羅馬帝國的首都，並授名為「君士坦丁堡」，建立了以基督教為宗教的拜占庭帝國；西元十五世紀中葉，鄂圖曼帝國的蘇丹攻入君士坦丁堡，易名為「伊斯坦堡」，並成為伊斯蘭鄂圖曼帝國的首都。

　　從拜占庭到君士坦丁堡到伊斯坦堡，這個城市的歷史名稱充滿了魅力，而歷經幾千年的民族融合，激盪出多元

▌藍色清真寺

豐富的風土民情，加上帝國留下的宏偉建築，醞釀出伊斯坦堡燦爛迷人的風采。

　　莊嚴寧靜的清真寺、蔚藍的博斯普魯斯海峽、雙層卡拉達橋、無限延伸的大市集、叮噹老電車；而各式各樣的吃食，更是時時逗引得味蕾歡動不已：黏稠冰淇淋、清香熱紅茶、香濃沙威瑪；藍眼睛、水煙壺、旋轉舞等等，等等，不論是視覺、味覺或意識上，在在強力地吸引著你，每天一早出門，直玩到華燈閃亮才心滿意足地回到投宿的旅館。

　　且跟著我慢慢揭開伊斯坦堡的神祕面紗，體驗她的種種新鮮事。

逗趣的土耳其冰淇淋老闆

販賣芝麻餅的小餐車

博斯普魯斯海峽的日與夜

　　來到土耳其伊斯坦堡旅遊，若是沒搭乘遊輪一遊博斯普魯斯海峽，伊斯坦堡之旅似乎便缺了那麼一角，何其有幸，我分別在白天和晚上航行在峽灣中，體會了海峽日與夜的不同風韻與魅力。

　　遊輪從艾米諾努碼頭出發，當汽笛鳴起，船緩緩駛出平靜的港灣，航向海峽湍流中。土耳其語的博斯普魯斯和咽喉是同一個字，深而狹長的水道硬是把伊斯坦堡劈切成兩岸，分成亞洲區和歐洲區。

　　晴空碧洗，海水湛藍，海鷗自在飛翔，船上除了我們從台灣來的十幾個人，其餘大都是土耳其遊客，有攜家帶眷出遊的，有呼朋引伴同遊的，有穿著清涼的青春少女，有包著頭巾穿長袍的穆斯林婦女，無論男女老少，個個輕鬆愉悅，享受這難得的遊輪之旅。

　　古老住宅和清真寺，依著山丘比鄰而立；接著經過一幢大理石宮殿—多爾瑪契宮，是鄂圖曼帝國最後一任蘇丹的皇宮；不遠處一座長長的大橋凌空懸跨，那是連結歐亞兩區的博斯普魯斯大橋；再往前，岸邊密佈許多豪華宅第，有歐風式的，也有傳統鄂圖曼式的。船繼續往前行，在一個高聳的山丘上，魯梅利碉堡巍然矗立在山頂，這座建於西元1452年的軍事遺跡，厚重的石牆，是當年保衛君士坦丁堡的重要碉堡，如今功成身退，成為眺望博斯普魯斯海峽和伊斯坦堡的觀光景點。

　　船上的服務員，忙進忙出兜售吃食，一下端出紅茶、果汁等飲料，一下是烤餅等零嘴，孩童們吃吃喝喝，遊走船艙，玩得不亦樂乎。

▎卡拉達橋

　　我手握相機，時而遙攝岸邊風景，一會用鏡頭追逐船上遊客的身影，遊輪之旅，樂趣無窮。

　　因時間關係，我們買的是一小時的遊程，船來到大橋下便調頭回航到碼頭，結束了愉快的海峽之旅。

　　下了遊輪，匆匆趕回旅館梳洗，換上較正式服裝。

　　薄暮時分我又來到艾米諾努碼頭，華燈初上的碼頭邊，人聲沸騰，一群人從遊輪上下來，換一批人上去，笛聲揚起，船駛離港灣；另一批人又陸續來等候他們預訂的船班，整個碼頭熱鬧滾滾。

　　終於輪到上船的時候，我們搭乘的是包遊輪，一團三十多人開心地遊走在船艙上下，期待享受土耳其美食大餐和妖豔的肚皮舞表演。

　　節目開始，四人組成的樂隊出場演奏土耳其民謠，幾曲之後，一位打扮妖媚的女郎，一身鮮麗火辣，踩著樂聲，婷婷嬝嬝地出現在舞池，霎時爆出掌聲、歡呼聲和口哨聲，此起彼落，大家簡直High翻了。

█ 博斯普魯斯海峽

　　舞孃緩緩起舞，舉手投足，極盡撩撥，顧盼之間，盡是魅惑。她緩緩舞向每一張餐桌，邀請觀眾與她共舞，有人自動獻舞，有人被硬拱上場，木偶般的動作讓人笑翻天。

　　笑鬧聲中，美食一道道送上來，眾聲喧嘩，杯觥交錯，好個浪漫的博斯普魯斯海峽遊輪之夜。

█ 薄暮中的岸上風光

藍色清真寺

　　藍色清真寺本名叫蘇丹‧哈密特清真寺（Sultan Ahmet Camii），十七世紀時由錫南的得意弟子Mehmet Age 所建，寺內採用土耳其著名的伊茲尼藍磁磚，因此世人習慣稱它為藍色清真寺。一個直徑27.5公尺的大圓頂，四個較小圓頂，三十個小圓頂，大圓小圓彷如一群降臨地球的飛碟，壯觀又美麗，六支43公尺高的尖塔，直插入雲霄。

　　這座清真寺巍然聳立在聖索菲亞大教堂對面，相隔200公尺的兩棟龐然大建物是伊斯坦堡的重要景點，兩寺共十支伊斯蘭教的尖塔，尖聳入天，構築出伊斯坦堡別具一格的天際線。

　　仲夏時節的伊斯坦堡，豔陽高照。

　　這天一早，從旅館步行到塔克辛廣場，這個位在新城區的大廣場，是伊斯坦堡的交通匯集中心，也是民眾集會場所。往後停留在伊斯坦堡的時間，每次出遊都從這裡進出。在公車處花10里拉買了張悠遊卡，再加值10里拉，搭乘61B公車，上得車向司機先生確認終點站是在舊城區的大市集，坐定後安心地取出相機，專注攝掠沿路上的人文景致。一路拐拐彎彎，大約半小時後抵達終點站大市集。下得車往藍色清真寺方向行進，來到寺前方，很快找到旅遊書上所介紹的平台，順利拍下全景和六根尖塔。

　　心滿意足地來到入口處，排在長長的人龍後面等候入內參觀。好不容易脫下鞋子裝入塑膠袋，進得寺內，啊，人潮摩肩接踵，一波波湧入的觀光客，擠得連找個拍照的空間都困難重重，少了那份寧靜安詳的氣氛。想起過去在伊朗參觀莊嚴安詳的清真寺，內心不免起了分別，正感到

心浮氣躁，猛抬頭髮現圓頂周邊羅列著許多的小窗子，陽光穿透窗口與寺內圓形排列的玻璃燈光相應和，醞釀出虛幻氣氛；一般清真寺少見的玫瑰窗，因陽光而更顯色彩繽紛；牆面上鑲嵌的伊茲尼磁磚，發出晶晶曖曖藍光；紅、藍、綠色彩的鬱金香花卉，細膩又精緻；四根支撐大圓頂的大柱子，柱頭及柱身上的金字阿拉伯文，線條美得像藝術花紋；還有踩在腳下的地毯，紅綠相間，輕軟舒適。

我舉起相機專心拍照，渾然忘了推擠的人潮。雖然無法領受到預期的寧靜祥和氣氛，但能留下它雄偉莊嚴的結構，不也是一種相遇的緣份？滿心歡喜地走出寺外，出口處台階上坐滿了各色人種，有攜家帶眷等候參拜的穆斯林，有成群結隊的親友旅行團，有像我一樣單獨前來的旅人，都是為了瞻仰這座藍色清真寺而來。坐在身旁的一位瘦削中年婦女，見我在猛拍人群，禁不住好奇搭訕起來：

「妳一個人出來旅遊嗎？」

「我跟先生一起來伊斯坦堡，他在參加醫學會。」我回說。

「啊，我先生也是來參加醫學會，我們從澳大利亞來，我是個畫家，這兒的陽光比澳大利亞還耀眼。」她順手打開速寫簿讓我欣賞，筆下人物線條簡潔而蒼勁有力。

「我拍照並寫一些文章。」兩個女人萍水相逢在阿拉的殿堂前，很自然地聊起這個城市的種種，原來她也跟我一樣，對寺內擁擠的人潮感到有點煩躁。我安慰她還有其他清真寺，或許可以在那裡領受到莊嚴寧靜的氛圍。彼此互道珍重，各自奔向前方的行程。

走在亮閃閃的陽光下，暗自慶幸及時轉念，否則千里迢迢來到這座心儀已久的清真寺，因著一念之差而錯失了與它的緣份，那可是莫大損失呢！

▋ 清真寺尖塔

▋ 藍色清真寺的美麗地毯

▋ 藍色清真寺穹頂

在葉尼清真寺領受阿拉真主的愛

　　熾烈的陽光把人烘烤得發昏，終於來到葉尼清真寺，寺前台階旁的石壁邊有一長排的水龍頭和石蹬，一群男子，正在濯足淨身，準備入寺禮敬阿拉。

　　走上高高的台階，脫下鞋子裝入塑膠袋，步入寺內，找了一個靠窗的角落，倚牆而坐，腳邊擺著背包、相機和鞋子，窗口吹來習習涼風，消去了一路來的燥熱，整個人感到無比清涼放鬆。

　　早上從藍色清真寺出來，內心仍嘀咕著人潮磨肩接踵，無緣體會那份清謐悠閒氣氛而感到一絲遺憾。於是決定去艾米諾努碼頭邊的葉尼清真寺碰碰機緣。

　　馬路兩旁人行道上，人群來來往往，有短衣短褲的西方遊客，有包頭巾披長袍的婦女，偶爾出現一身包裹黑紗，只露出兩眼的穆斯林婦女；古老建物前餵食鴿群的孩童；冰淇淋攤前方，被老闆捉弄得哈哈大笑的遊客；堆積如山，不怕膩死人的甜點；處處盡是入鏡好題材。

　　走走拍拍，累了也餓了，在一家自助餐廳享用美味的羊肉沙威瑪，一杯果汁。

　　吃飽喝足，出來沿著電車路走，這是條舊城區的主要幹道，電車、汽車行駛其中，兩旁的人行道只容一人通過，當對向有人來時，一方便得走在車道上，行走其間往往飽受壓力。因為街景太吸引人，即使常常要殺出重圍，倒也自得其樂。

　　一邊閃人或車一邊拍照，往艾米諾努碼頭方向行進，來到一處交叉路口，終於離開緊張的幹道轉入街道，行行復行行，不遠處望見葉尼清真寺的尖塔高高聳立在港灣邊。

　　偌大的空間裡，一片安詳寧靜，燈光柔和，前方有位長者領著十多位青壯男子，深深彎腰鞠躬，低俯溫柔的背影，傳達出恭敬虔誠的心意；一面刻滿經文牆腳邊，幾位中年男性長跪禮敬；斜後方的柱子邊，有位紅衣男子，雙掌朝上長跪著，兩眼輕閉，那神情是如此地專注虔誠。整個寺裡沐浴在阿拉真主的榮光裡，讓一位來自東方旅人，也分享了那份慈愛榮光。早上在藍色清真寺的失落心情，在這裡得到了安頓圓滿。莊嚴神聖的氣氛，觸動了我內在的如來佛性，淘洗了紛擾的心靈，竟至泫然欲泣。原來至高無上的造物主，跨越宗教藩籬，而又無所不在。人們虔誠禮敬的身影，是人世間最美麗的風景。

　　滿心清淨感恩，步出清真寺，寺外又是眾生喧嘩，紅塵滾滾。就在這一刻，方知修行之妙，妙在讓人身處塵世擾攘中，能夠常保心安心定，隨順自在圓滿。

▌ 虔誠祈禱

▌ 向阿拉禮敬

▌濯足

錫爾凱基火車站

從大市集沿著電車路線，一路拍拍走走，午後兩三點，日頭赤炎炎，快把人烤昏了，趕緊折入不遠處的錫爾凱基火車站休息。

這個車站是早年「東方快車」的終點站，著名的列車，從巴黎出發駛經歐洲幾個大城，來到終點站伊斯坦堡。

因「東方快車謀殺案」這部推理小說而更加出名。如今行駛路線改往東歐，剛好有班列車到站，車箱老舊，下車的乘客不見衣著華麗的名媛士紳，而是一批批衣衫樸素的尋常庶民，人數不多，很快就出了站。

東方快車是一列從巴黎到伊斯坦堡橫貫歐陸的長程列車。西元1876年由私人鐵路公司所經營，起初，從巴黎所開出的列車，須先在維也納下車，搭船沿著多瑙河到保加利亞，再改乘火車抵達伊斯坦堡。直到西元1898年6月，從巴黎直通伊斯坦堡的鐵路完工，列車才開始來往直達這兩個城市。

西元1977年5月，最後一列班車從巴黎開往伊斯坦堡後停駛，東方快車走入歷史。如今從巴黎開出的東方列車只到維也納。

這座火車站建築啟用於是西元1890年，巴洛克式的風格，古雅舒適的候車室大廳，散發出濃濃的懷舊古風，時光，在這兒似乎靜止了。

午後的月台，寬大的空間裡只有三兩人影，兩隻灰黑色的貓酣睡在牆角。選一張長椅，脫下鞋子，讓發燙的雙腳平放在椅子上，涼風習習，吹去了一身暑熱。

▌車站餐廳

▌列車進站

　　微風清涼，引人漸入夢鄉，夢中時光倒轉了三十年：

　　正值盛年的我，坐在豪華的候車大廳裡，與一群衣著鮮麗的名媛仕紳，等候從這裡開往巴黎的那一列東方快車。

　　車來了，與丈夫跟著乘客魚貫上車，找到包廂位子坐定，開心地討論巴黎的旅遊重點，羅浮宮、奧塞美術館、莫內美術館、龐畢度藝術中心……等等。

　　將近三十年來，就這樣陪伴著他遠遊各國參加醫學會議，而磨練成一個半獨立的幸福旅人。

　　「喵—喵—」貓叫聲把我從夢中驚醒過來，一隻貓竟然在我腳邊磨蹭，嘿嘿，很抱歉，腳臭難聞咧。豪華東方快車美夢被驚醒了，趕緊起身穿上鞋子，繼續往下個景點艾米諾努碼頭方向行去。

聖索菲亞大教堂

聖索菲亞大教堂，土耳其語稱它為Aya Sofya。

西元四世紀，雄才大略的君士坦丁大帝在伊斯坦堡（當時稱君士坦丁堡），建立了聖索菲亞大教堂，後來不幸遭到火災。西元六世紀，查士丁尼大帝加以重建，以希臘智慧女神索菲亞而命名，希臘語意思是「上帝智慧」，教堂供奉耶穌基督。這座教堂因「巨大圓頂」聞名於世，是一座拜占庭建築藝術的代表作，也是展現希臘東正教榮耀和東羅馬帝國勢力的大教堂。

西元1453年鄂圖曼土耳其人攻陷君士坦丁堡，蘇丹麥哈密二世下令將大教堂改為清真寺，移除鐘鈴和祭壇等祭典用的器皿，並用灰泥覆蓋基督教的鑲嵌畫，代之以可蘭經讀經台和向麥加朝拜的朝拜龕，接著在教堂外加建四座喚拜樓等伊斯蘭建築，唯一不變的是「神」的智慧和功能。從此，聖索菲亞大教堂成為鄂圖曼帝國及回教世界裡，一個重要的勝利圖騰。

西元1932年，土耳其國父凱末爾建立了土耳其共和國，將教堂改為博物館，並復原基督教的鑲嵌壁畫，三年後正式對外開放供世人參觀。於是索菲亞從大教堂、清真寺，成為博物館，繼續扮演它創造歷史的神聖使命。

這天午後兩點多，跟丈夫頂著毒辣的太陽在售票處排隊買票，等了半個多鐘頭才買到票，一張票25里拉，票到手又排在長長的隊伍中，約二十多分鐘後才順利進入教堂。

進得裡面感受到它的宏偉莊嚴，圓頂的四角上可見「阿拉真主」、「穆罕默德」等的金字大圓盤，更高處則有「聖母抱基督」的馬賽克拼貼畫，由於它的歷史變數，而形成回教與基督教圖騰共聚一堂，阿拉與上帝同在的和諧氣氛。

上帝與阿拉共存

　　曾經在西班牙的哥多華，參觀過清真寺被加建了天主堂的合體教堂，如今在這座大教堂裡，再次領受到天父上帝和阿拉真主所示現的平等、慈悲和真愛，索菲亞大教堂所經歷的磨難蛻變，與其說是風水輪流轉，我勿寧相信是征服者的寬宏大量，一念之仁，讓這座世人心目中的聖堂保留了下來，為人間留下如此珍貴的宗教文化資產。

　　誠如一位拜占庭歷史學家所言：「一個人來到這裡祈禱時，立即會相信，並非人力，也非藝術，而是上帝的恩澤，才能使教堂成為這樣，他的心飛向上帝，覺得離祂不遠。」

　　是的，造物主是宇宙中的唯一，跨越種族教派，透過阿拉和上帝的慈悲，向世人示現世間的和平，是值得也是可以期待的。

聖索菲亞大教堂

歐達克的早晨

用過早餐，向塔克辛廣場前進，今天的目標是位在歐洲區海邊的歐達克。坐上開往歐達克的40路公車，拜託司機先生到站時提醒我下車。車子往海邊方向行去，兩旁行道樹濃蔭蔽天，豪華的別墅洋房掩映在綠蔭後方，穩穩地守護著屋主一家人。

車行約二十分鐘，司機大叫「歐達克」，示意我下車。

這是臨海的一個小港灣，伊斯坦堡的一處安詳寧靜處所。

有別於塔克辛廣場的車水馬龍，艾米諾努碼頭的萬頭鑽動，這是一處讓人身心感到清涼安適的桃源地。

下得車，馬路上冷冷清清，幾天來被繁忙燥熱充塞的細胞，頓然得到舒緩，感到無比輕鬆。原來，旅行像一首音樂，須是有強有弱的樂章交互出現，讓聆賞者陶醉其中，產生共鳴。又像一幅畫，塊面結構平衡和諧，令觀賞者賞心悅目。旅行也需要鬆緊適度，以達到身心調和，充實又閒適的均衡狀態。

歐達克的清晨，彷如樂章中的一個休止符，讓這幾天的忙碌，得到了暫時的放鬆。折入巷子，瞥見巷弄盡頭處，海水碧藍，微波盪漾。多數商家還未開張，有幾家正在準備。海風吹拂清涼舒適，屋簷下有兩位老人閒坐椅上，正啜飲紅茶，閒話家常。見我舉起相機，不約而同展開笑顏，開懷入鏡。

轉入另一條小巷，妙齡的店主女郎，一身輕紗褲裝，閒雅地將飾品一一擺掛在架子上，等待遠來的有緣人買回去當紀念品，把店面妝點得琳瑯滿目，花俏迷人。對面一家攤架上，堆滿大小不一的「藍眼睛」，兩隻貓咪蜷曲在石堆上，瞇著雙眼，享受晨光照拂，似在禪定，又似在替主人守護著那一堆「藍眼睛」。

走向港邊，一家面海的餐廳裡有兩三桌客人，悠閒地享用早餐，另一桌三位少女，開心吸著水煙，她們使勁地吸，彷彿欲將眼前的藍天碧海吸納入五臟六腑，化作獨特的生命符碼。

港邊樹蔭下排著幾張長椅上，有本地居民，也有遊客，我選一張坐下，與天涯有緣人，共享眼前的好天好水。

碧空如洗，映照著眼前湛藍的博斯普魯斯海峽，這片濃得化不開的靛藍，讓我不陶醉也難。小碼頭邊，一艘停泊的小型遊船，隨波自在擺盪，船桅頂端飄揚著一面紅色國旗，成了蔚藍海天之間的點睛之作。

臨海的歐達克清真寺，正在整修中，無緣入內參觀，徘徊寺前，試圖探索書裡所描繪的外觀圖像。

賣吃食的店家陸續開張，沙威瑪、冰淇淋等熟悉的食物，令人感到親切。前方連接幾個攤位吸引著我的眼光，趨前一看，原來是歐達克特有的名物「烤洋芋」（kumpir）。透明櫃子裡堆滿五顏六色的食材，有豌豆、玉米、紅蘿蔔、紫色高麗菜和醃漬醬菜……，紅、黃、綠、紫等顏色，堆積如小山，店家將它們裝飾成人臉、向日葵及各種花朵，那是用來讓客人挑選填充烤洋芋的，逗趣的圖案令人莞爾。有客人上門，店家從烤箱取出一顆碩大熱騰騰的馬鈴薯，對切放在紙盒裡，依客人挑選的食材放在上面，澆淋醬汁，再灑上一把起司條，一客香噴噴的烤洋芋調製完成交給客人。那顆飽滿豐厚的烤洋芋，足足有一餐飯的份量，捧在客人手中，視覺和味覺上呈現出豐足的美味。還沒到我用午餐的時刻，估量我的胃無法消受那巨大的食物，只有在一旁猛吞口水的份，但仍然留下一份鮮豔香濃的美味記憶。

歐達克，一個臨海的小天地，像村姑般樸質安靜，一個遠方來的旅人，與她共徘徊，結下一份寧靜閒適的早晨緣。

烤洋芋

五顏六色的烤洋芋配料

歐達克街景

蘇雷曼尼亞清真寺

土耳其伊斯坦堡的蘇雷曼尼亞清真寺（Suleymaniye Camii）是一座最正統的鄂圖曼建築代表，大圓頂直徑26.5公尺，由四根高53公尺的粗大石柱支撐；錫南以對稱細膩的手法裝飾內部，讓清真寺呈現出清亮之美；寺內圓盤上的字是土耳其偉大書法家的手筆，更增添這座清真寺完美的藝術性。

這座建於西元十六世紀中期的清真寺，是伊斯蘭教世界最偉大的建築師錫南（Sinan）的得意之作，也是伊斯坦堡當地人最鍾愛的建築傑作。位在博斯普魯斯海峽邊的小山丘上，可眺望艾米諾努碼頭及黃金角。

十六世紀蘇雷曼大蘇丹時代，是鄂圖曼帝國國力最強盛時期，因此這座清真寺可說是鄂圖曼的最高代表。

蘇雷曼尼亞清真寺的氣氛不同於藍色清真寺，在於空間創造出來的崇高莊嚴的氛圍，謹守鄂圖曼建築風格，不以華麗取勝。

五十歲才開始受重用的錫南，直到九十八歲離開人世，在生命的最後時間，仍孜孜不倦地學習新知，解決建築上各式各樣的難題。

他在土耳其國內留下了無以數計的建築：107個大清真寺，52個小清真寺，74所穆斯林學校，56間土耳其澡堂，38座宮殿，5座庭園，7座水道橋，9座大橋等等。

二十世紀日本偉大建築師安藤忠雄，曾經如此讚揚錫南：「如果說，抱著希望持續朝著未來邁進的狀態叫做青春，那麼他的人生到老年的時候都還可以算是青春期。」

錫南大師的人生永遠處於向前革新的狀態中，充滿生命的能量，永遠在青春的熱情當中，不斷奔馳下去。

這天下午，丈夫偷得半日閒，想去各處逛逛，順便參觀蘇雷曼尼亞清真寺。我充當導遊，陪著他走訪幾個豐富有趣的景點，兩人邊走邊拍照，累了，往巷弄裡的茶坊坐下，來杯清香的土耳其熱紅茶，解渴兼歇腳。

沿路上的景象吸引著我們猛按快門，豔陽高照，晴空蔚藍，讓我們誤以為時間還早，腳步愈走愈慢，來到蘇雷曼尼亞清真寺前，已經錯過了入內參觀的時間，兩人不禁相對啞然失笑。幸好昨天參訪過位在香料市場後方，錫南設計的另一個傑作—儒斯特姆·帕夏清真寺，體會到大師在樸實中呈現出莊嚴寧靜的設計風格。

夕陽西下，已近晚上九點，華燈陸續點亮了碼頭邊的景物，顯得疑幻似真。我們沿著卡拉達橋，往公車站行去，夜景太迷人，引得兩人頻頻回首觀望。

「哇，妳看！」丈夫突然大叫，指著山丘方向。

「啊！」我驚歎一聲。

說時遲，那時快，兩人各自瞄準目標，猛按快門。

柔和的燈光將蘇雷曼尼亞清真寺烘托得如此神聖莊嚴，穩穩屹立在山丘上，彷彿阿拉真主的化身，護佑著眼下的子民。

感恩阿拉慈悲，用這樣的方式，讓我們認識錫南大師的傑作—蘇雷曼尼亞清真寺。

那一刻內心的悸動，銷融了我無緣入內參訪的遺憾。

▍幽閒品茶

▍華燈初上清真寺

伊斯蘭旋轉舞

　　伊斯蘭蘇菲教派（Sufi）的旋轉舞（Sufi Dance）創始於西元十三世紀，發源及總部在安納托利亞高原的孔亞。它是一種宗教儀式，透過詩歌和身體旋轉，尋找與阿拉真主之間的神祕結合，以「愛」為最高教義，透過修行而達到身心平衡狀態。

　　創始人拉雷丁‧魯米是蘇菲教派神祕主義重要的思想家，他的詩集和宗教著作，在伊斯蘭世界享有崇高地位，主張心靈合一與宇宙大愛的哲學思想。追隨者尊稱他為「梅芙拉納」（Mevlana）阿拉伯語是「我們的導師」之意。

　　旋轉舞（Sema）是僧侶的宗教儀式，而不是為了娛樂觀光客而跳的舞蹈。

　　離開伊斯坦堡的前一晚，我們夫妻在古老的錫爾凱基火車站大廳中，欣賞到正統的旋轉舞表演。

　　首先由七位頭頂棕色高帽、身披黑袍的樂師演奏古樂，旋律空靈悠揚，二十分鐘後樂聲暫歇，工作人員在地面灑好石灰粉，接著一位披黑袍的主祭僧侶肩上搭著一塊紅色布墊，緩緩走入舞台遙對樂師的一端，將布墊鋪在地上，跪拜禮敬，然後移到左邊，再移到右邊，舉手、投足、彎身跪拜，那莊嚴優雅的舉止像是在祭天。接著一群外披黑袍裡穿白袍（其中一位穿藍袍）的僧侶出場，一一向前禮敬，各個頭戴棕色高帽，進得場內，脫下黑袍，音樂再度響起，伴隨著莊嚴的伊斯蘭宗教音樂和可蘭經頌詞，僧侶們雙臂交錯胸前，開始旋轉，然後雙臂慢慢打開，準備接受阿拉的慈悲大愛，右掌朝上接收來自上天的感應，透過朝下的左掌傳達到人世間，以左腳為圓心，身體朝逆時針方向旋轉，起初慢慢地，漸漸加速快轉，忘我地轉，轉，轉……，舞者的表情嚴肅而專注，動作簡單而優雅。觀賞過程中，感覺到舞者的身心靈漸漸統合為一，雙目微閉，進入純然寧靜的冥想狀態，幾乎進入禪定的境界。

▎樂師奏樂

▎旋轉舞

　　耳邊飄散著空靈的音樂旋律，目光追逐著裙襬飄揚的身影，不知不覺間思緒竟飄入半冥想的情境裡，領受到幾近天人合一的奇妙感覺。

　　曲終舞罷，僧侶們魚貫退場，雖是汗流浹背，卻抑制氣喘，個個頷首低眼謙恭、靜默徐徐退場離去，在在傳達出平和安詳的意境。

　　那種寧靜祥和的氣氛，令人低迴，久久不忍離去。待回過神來，禁不住讚歎：此舞只應天上有，人間那得幾回賞？

避邪護身符──藍眼睛

　　旅行到伊斯蘭世界及地中海地區，隨處可看到當地人稱為邪惡之眼的護身符「藍眼睛」，它是用玻璃製成的，曾在希臘見過，來到土耳其旅遊更是無所不見。

　　舉凡住家大門上、車上都可看見巨大的藍眼睛，而編成身上的飾品更是不一而足，項鍊墜、耳環、鑰匙串等等，把藍眼睛的避邪功能發揮到極致，當地習俗若是不小心藍眼睛碎裂了，且別難過，反而該慶幸厄運被化解破除了。

　　地中海沿岸終年天藍海碧，而希臘、土耳其的藍天總是映著碧海，令人不禁連想到這種藍色避邪物的靈感發想，是否來自這片濃得化不開的藍天碧海？

▎貓和藍眼睛

三姐妹開的岩洞民宿

夫妻倆坐在二樓房間外的陽台，小圓桌上一壺店家剛泡好的土耳其紅茶，兩人舉杯細細啜飲，慶祝今天滿滿的收穫。溫熱淡淡的清香緩緩流淌入五臟六腑，消去了一身的暑熱疲累。樓下中庭的餐桌上，擺著水果和鮮花，廚房飄來陣陣菜餚香，美味的土耳其料理隱隱勾引著味蕾。近晚時分的陽光已收斂了白天的驕橫熾熱，清風習習，四周圍的奇岩怪石，在霞光燻染下更顯夢幻神奇。不遠處一座高聳尖頂的喚拜塔，傳來阿拉的聲聲召喚，我們彷彿置身在阿拉丁神燈所打開的奇妙世界裡。

「哈，這視野多棒！還要住樓下嗎？」丈夫笑嘻嘻揶揄道。

「哈哈哈！」我一笑掩過昨日無理取鬧的尷尬。

這是一家三姊妹開的岩洞民宿，叫「Hacc Hotel」。進了洞窟般的大門，裡面是接待廳，兩旁擺有木椅，門邊矮桌上擺著土耳其名產，無花果乾、無花果糖等，靠牆處一張辦公桌穩穩安坐著，牆上掛著土耳其國父凱默爾的相片，微笑默默護佑著他的子民。

為了體驗當山頂洞人的滋味，我們選擇住岩洞旅館，而旅行社安排了這個家庭式的民宿，親切的招待，讓我們留下深刻印象。

昨天下午，從伊斯坦堡搭飛機到開塞利機場，找到約定的接機人員，坐上廂型車開了一個半小時，終於抵達位在卡帕多奇亞鎮上的旅行社報到。負責人是位中年女士，她詳細說明旅館及行程後，安排一輛小車送我們往這家民宿前進，

車子快速穿梭在蜿蜒的石子路上，揚起陣陣飛沙，兩旁漸漸出現奇特的巨大岩石，石面上佈滿門洞，巨岩下方群聚著民居，啊，我們開始走入奇妙神祕的桃花源了。經過半小時顛簸，車子停在一處斜坡下方，司機電話連絡，斜坡上方快速下來兩位女子，笑容可掬地向我們問好，兩人合力提起大皮箱，丈夫提一個小的，我則背著相機和背包，一步一階吃力地跟著往上走。進得門裡，便癱坐在門邊的木椅上喘息。

為了要將笨重的行李從樓下搬到二樓，我擺著一張臭臉，不停抱怨，走在吱嘎顫動的木梯上，更是火冒三丈。

「這麼危險，我們改住樓下好了。」

跟店家討論，得到的結論是：

「樓上視野好。」三姐妹中的小妹笑容滿面，委婉地解釋。多虧她的專業與堅持，我們才有幸能夠享受到眼前的奇幻風光。

二樓的房間看起來似乎是後來增建的，採光通風良好，衛浴設備齊全，住民宿既可享受人與人之間的親切互動，又可擁有難得的清靜悠閒。尤其是這家三姐妹經營的民宿，為卡帕多奇亞之旅添加了一份溫馨甜蜜。

有人說：沒到過卡帕多奇亞，就不算去過土耳其。

三百多萬年前的一場火山爆發，岩漿和灰燼淹沒了地表，阿拉揮舞魔棒，呼風喚雨，經年累月地將這片大地雕琢刻鏤，而形成如今這一尊尊奇特的藝術傑作。

清晨四點半起床，車子摸黑把我們載到搭乘熱氣球的地點，體驗了畢生難忘的空中飄浮之旅；回到民宿稍事休息，用過早餐，又展開接下來的滿檔行程，穿梭在「鴿子谷」，欣賞滿佈在岩石上的鴿子洞，還有群聚叢生的香菇頭，觀音示現等，真是大開眼界；徜徉策爾維奇岩中，一條盤踞的大蟒蛇、仙人煙囪、戴黑帽的僧侶隊

伍……等等，行走其間，眼忙手更忙，此起彼落的驚呼聲，不斷飄揚在耳邊。

阿拉用祂的魔棒把這塊曾受重創的荒涼貧瘠地，幻化成一座渾然天成的雕刻公園，回想日本的「雕刻之森」，荷蘭的庫拉・慕拉美術館外的雕塑公園，跟這片魔幻奇岩比起來，不免顯要得小巫見大巫矣。

佛家所謂大死大生，阿拉對這片荒瘠岩地，莫非也深得個中三昧！

「Hello！」矮牆外有人探頭打招呼，原來是今天同遊的伙伴，來自澳洲的人類學者。

「Hi！」我們舉杯向他致意。

「Wonderful！」他羨慕地豎起大拇指笑笑，慢慢離去。

啊，卡帕多奇亞，阿拉創造的一個神奇魔幻地！

▌合力經營民宿的三姐妹

民宿中庭一角

杏包菇

飄浮在卡帕多奇亞上空

「好，在氣球升空前，請大家配合練習等一下要降落時的安全姿勢。」接待員見大家都上了氣球籃，鄭重宣佈說：

「當聽到駕駛員指示說，下降姿勢時，全體都要蹲下來，壓低身體重心，讓氣球順利往下沉！」

接著駕駛員發號司令，聽到攸關安全，大夥趕緊抓住兩旁的把手，乖乖蹲了下來，模擬練習。

當一切準備和說明結束後，地勤人員終於放飛彩色氣球，熱氣球便帶著我的夢想逐漸升空。

天生有懼高症的我，心頭加速猛跳，趕快抓住丈夫臂膀，閉住雙眼，全身緊繃，抖個不停。

「嘿，升空囉！」不知過了多久，他叫道，耳邊響起恰、恰、恰，熟悉的按快門聲音。我鼓足勇氣，慢慢張開眼睛，看見下方還在充氣的彩球，確定我們的氣球已平穩地飄浮上空，不禁鬆了一口大氣。

清晨五點半，天剛朦朦亮，大地還在酣睡中，我已凌空飛揚，飄浮在卡帕多奇亞上空。

這個位在土耳其中北部，安那托利亞高原中央的魔幻奇岩地區，數百萬年前因近郊的兩座火山爆發，岩漿及火山灰淹沒了卡帕多奇亞，歷經百萬年不斷的風化及雨水沖刷，在大地上刻鏤出各種線條，軟土泥沙流失，留下堅硬的玄武岩和石灰岩，彷彿是阿拉使出了鬼斧神工，在這塊荒蕪的區域雕鑿出神奇魔幻的風景。有陡峭的山谷，有潔白翻湧的石頭波浪，更有駱駝隊伍、香菇頭和仙人煙囪等等，造型奇特的岩石此起彼落地突兀在各處，成了大地上的一群驚嘆號！

氣球冉冉升空，環顧四週，赫然發現一個、兩個……「哇！」大夥同聲驚呼，四面八方陸續飄上二、三十個大氣球，鮮艷的色澤，獨特的圖案，或高或低，錯落有致地飄在空中共徘徊。

「哇！」往下看，地面出現千奇百怪的岩石，又引來連連驚嘆。

經驗豐富的駕駛員，熟練地操控著頂上的大氣球：隨時拉動繩索以掌握高度和方向，不時按下加氣筒對氣球加氣，讓它能平穩飄浮。

啊，患有懼高症的我，夢寐以求的飄浮夢想，竟是在這一片魔幻奇岩上空得到了圓滿，生命的境遇，何等奇妙！

不禁要感謝伊斯坦堡的導遊哈珊，有天他帶我們遊覽市區，見我們夫妻人手一機，各拍各的風景。

「你們這麼喜歡照相，應該去卡帕多奇亞坐熱氣球，那裡的岩石非常漂亮。」他用流利的華語對我們提出建議。因為這個良心的建議，成就了這趟飄浮在卡帕多奇亞上空的夢想。

「Alan，Open your eyes，Its amazing！」（亞倫，快睜開眼，這太神奇了！）旁邊來自英國的太太輕聲叫他先生欣賞下方的奇景。

「I know, I know.」先生虛弱地回答。

這時我才注意到，這位高大的英國中年男士雙手緊抓住籃子邊緣，臉色蒼白，雙眼緊閉。哦，可憐的懼高症患者，我的同病族類。

我們這顆氣球籃裡有九位乘客，旁邊的英國夫妻、一對日本年輕夫妻、一對中東夫妻、我們夫妻，加上駕駛員，組成飄浮空中一小時的生命共同體。

很幸運地，當氣球平穩升空後，眼前群球齊飄、眼下奇岩突起的神奇景象，吸引著我忙著按快門，全然陶醉在飄浮的樂趣中，懼高症早已拋到九霄雲外。

朝陽隱在兩座尖聳的岩石後方，發出橘色霞光，下方的奇岩怪石被暈染成一群橘色精靈，大地漸漸甦醒，朝陽慢慢往上升，突地蹦一聲躍上了岩石頂端，彷彿是魔術師指尖上的一顆大紅球。天漸漸亮了，橘色精靈各自還原了本來面目，有黑色尖聳如山的，有米白捲滾如波浪的，有……，奇特的造型讓人目不暇給。

　　駕駛員一雙強壯的手臂穩穩操控著氣球，忽上忽下，與其他他氣球保持安全距離，三百六十度轉動，好讓乘客能夠從每個角度欣賞到眼前和下方的景致。

　　美妙的時光溜逝得特別快，一個鐘頭很快過去，氣球逐漸下降，駕駛員用無線對講機跟地勤人員連絡，下方有幾部車在移動，降到某個高度他大聲叫道：「Landing（降落）！」大家趕緊蹲下兩手緊握旁邊的把手，氣球終於平穩降落在草地上，慢慢消了氣，駕駛員叫大家起身，扶著乘客一個一個跨下大籃子。工作人員早已在草地上擺了兩張小桌子，一張放著飄行證書，另一桌則擺著香檳和杯子，駕駛員打開香檳慶賀大家平安降落，一一唱名請乘客上前接受證書和一杯香檳，大家舉杯慶賀，整個熱氣球之旅圓滿完成。

　　法國有句諺語：沒到卡帕多奇亞前，你不能死。

　　一趟熱氣球之旅，既享受了飄浮的樂趣，又飽覽了卡帕多奇亞魔幻般的奇岩怪石，終於領會了浪漫的法國民族對卡帕多奇亞的迷戀有多深。

■ 魔幻地貌

獵海人

阡陌雲影3
走讀一座城市——歐陸人文風采之旅

作　　者	阡陌
圖文排版	賴英珍
封面設計	李孟瑾
出版策劃	獵海人
製作發行	獵海人
	114 台北市內湖區瑞光路76巷69號2樓
	電話：+886-2-2518-0207
	傳真：+886-2-2518-0778
	服務信箱：s.seahunter@gmail.com
展售門市	國家書店【松江門市】
	10485 台北市中山區松江路209號1樓
	電話：+886-2-2518-0207
	三民書局【復北門市】
	10476 台北市復興北路386號
	電話：+886-2-2500-6600
	三民書局【重南門市】
	10045 台北市重慶南路一段61號
	電話：+886-2-2361-7511
網路訂購	博客來網路書店：http://www.books.com.tw
	三民網路書店：http://www.m.sanmin.com.tw
	金石堂網路書店：http://www.kingstone.com.tw
	學思行網路書店：http://www.taaze.tw
法律顧問	毛國樑　律師

出版日期：2016年8月
定　　價：200元

國家圖書館出版品預行編目

走讀一座城市：歐陸人文風采之旅 / 阡陌作. --
臺北市：獵海人, 2016.08
　　面；　公分
　ISBN 978-986-93145-6-5(平裝)

　1. 旅遊文學　2. 人文地理　3. 歐洲

740.9　　　　　　　　　　　　　105010978